2판

인간행동과 음악

음악은 왜 치료적인가 ——— 정현주 저

Influence of Music on Human Behavior
What Makes Music Therapeutic?

학지사

2판 머리말

저자가 재직하고 있는 이화여자대학교의 음악치료 학위과정 개설 25주년을 맞이하여 이 책의 개정판을 출판하게 되어 매우 기쁩니다. 첫 판이 출판된 2011년 이후 국내 음악치료의 인지도와 학문적 위상 그리고 음악치료 전문성에 대한 인식에 큰 발전이 있었습니다. 여러 국가 부처에서 음악치료에 대한 제도적 지원 확대와 함께 융합 학문으로서 음악치료의 이론과 실제가 더욱 심화 및 성장하였습니다.

음악이 가진 치료적 고유성은 시대의 흐름과 함께 더욱 명료해지고 있으며 음악치료가 지닌 영역과 범위 또한 확장되고 있습니다. 특히 COVID-19 팬데믹 사태로 인해 대면하게 된 환경 변화와 관계의 위축은 우리의 내면을 관리하고 돌볼 필요성과 계기를 제공하였고, 이에 언제 어디서든 접할 수 있는 음악은 효율적인 정서 조율 및 치유 도구로 활용되고 있습니다.

이제 청각자극제로서의 음악의 활용성(viability)은 오프라인은 물론 온라인의 형태로도 그 경험의 범위가 확장되고 있으며 세부적인 음악치료 원리가 연구되면서 개념 및 용어 또한 심층적으로 재정립되고 있습니다. 이에 이번 개정판에서는 새롭게 정립된 개념들을 추가하고 음악 내적 요소들의 심리분석적 해석 및 음악 활동 유형의 치료적 실제(practice)에 대해서도 내용을 보완하였습니다.

먼저, 음악과 정서 조율에 대한 내용이 추가되었습니다. 음악이 감정의 도구로 인간의 정서를 관장하는 유용한 도구임에도 불구하고, 이에 대한 연구는 '반응'에 대한 측정에 머물고 변화를 유도하는 '치료'적 근거를 토대로 한 실제적(practical) 접근이 부족한 실정입니다. 이에 음악이 지닌 음악 내적 요소(intra-musical element)와 정서 반응을 연결한 내용이 추가되었습니다.

또 하나는 음악과 동작에 대한 내용으로 리듬적 존재로서 인간이 어떻게 음악으로 조율되고 촉구되는지에 대한 기제(mechanism)를 소개하였습니다. 인간의 신체 리듬과 음악의 리듬이 만나는 채널을 통해서 우리의 움직임은 조율될 수 있습니다.

마지막으로, 들리지만 보이지 않는 음악 그리고 느껴지지만 보이지 않는 치료적 과정을 설명한 개념은 매우 추상적입니다. 이러한 음악적 개념과 치료적 개념에 대한 이해를 돕기 위해 본문에 악보로 제시된 음악들을 직접 감상할 수 있도록 QR코드를 제시하였습니다. 왼쪽에 제시한 QR코드로 접속하면 학지사 사이트에서 음악 파일을 재생할 수 있습니다.

그 무엇보다 음악은 언제 어디서든 접할 수 있는 공동의 산물이며 유용한 정서적 자원(resource)입니다. 음악은 정적이면서도 동적이고, 인지적이면서도 정서적이고, 개인적이면서도 집단적이며, 감각적이면서도 초월적인 경험을 제공하기에 매력적인 주제들이 지속적으로 연구되고 있습니다. 음악에 대한 이해는 자기 돌봄은 물론 공동체를 위해서도 도움이 될 수 있기에 이 책이 앞으로 많은 독자의 삶의 질을 돕는 안내서로 활용되기를 바랍니다.

정현주

1판 머리말

어떤 사람은 이어폰을 꽂고 하루 종일 음악을 듣는다. 음악을 들으며 리듬에 맞춰 몸을 움직이거나 눈물을 흘리기도 한다. 누구나 한 번쯤은 음악을 통해 지친 심신을 달래 보기도 하고 위로를 받아 본 경험이 있을 것이다. 그렇다면 음악과 관련된 이러한 행동은 어떻게 발생하는 것일까? 음악은 인간 행동에 어떤 영향을 주는 것일까? 이 외에도 음악에 관련된 궁금증은 무수히 많다.

음악은 다양한 특성과 함께 현재 우리의 삶에서 많은 역할을 담당하고 있다. 그중에서 음악의 치료적 역할에 대하여 잠시 생각해 보자. '음악치료'라는 단어를 듣게 되면 처음에는 음악이 치료의 기능을 가졌다고 생각할 수 있다. 하지만 한편으로는 굳이 이것이 학문으로 정착될 수 있을까 하는 의문이 들 수도 있을 것이다. 어떤 한 분야가 학문으로 자리 잡기 위해서는 역사적 배경이 있어야 하며 과학적 근거와 이론이 뒷받침되어야 한다. 이러한 의미에서 과연 음악치료가 체계적인 학문으로 간주될 수 있을까? 또한 '치료적'이라는 말은 '변화'의 의미를 동반하는데 음악이 과연 인간의 내외적인 변화를 얼마나 과학적이고 일관되게 유도할 수 있을까? 이러한 의문에 답하기 위해서는 음악과 인간이 가지는 본질적인 관계부터 살펴볼 필요가 있다. 우리가 표현하는 음악적 행동은 우리에게 내재된 음악과의 본질적인 관계로부터 기인하기 때문이다.

이 책에서는 인간과 음악의 선천적 관계, 인간의 생득적인 반응 등을 살펴본다. 또한 출생 이후 음악이 인간의 감정과 행동에 어떤 영향을 미치는지, 음악을 정신 건강과 자기 돌봄에 어떻게 사용할 수 있는지에 대해 설명하고자 한다. 동시에 음악에 대한 이해를 통해 음악이 치료적일 수밖에 없는 이유에 대해서도 살펴보고자 한다.

이 책은 총 7개 장으로 구성되어 있다. 제1장에서는 인간과 음악의 관계, 음악과 인간 사이의 정서적 교감과 음악의 영역, 제2장에서는 각 음악 요소가 지닌 치료적 특성, 제3장에서는 음악이 인류 역사 초기부터 어떻게 인간의 필요를 충족시켜 왔는가에 대하여 시대별로 살펴보았다. 제4장에서는 감상 활동을 통한 심리치료의 기본 개념, 제5장에서는 목소리와 노래에 담긴 심리치료적 의미와 그 활용에 대하여 설명하였으며, 제6장은 연주를 통해 어떠한 심리정서적인 욕구를 다룰 수 있는지 설명하였다. 그리고 마지막 제7장에서는 사회구성원 간, 세대 간, 문화 사이에서 음악이 가지고 있는 관계 형성 및 소통의 기능에 대해서 설명하였다.

지난 10년간 학부 교양과목 '음악치료학 개론'과 영어 강의 'Therapeutic Use of Music on Human Behavior'를 가르치면서 음악은 일상에서 우리와 늘 함께할 수 있으며 매우 치유적임을 강조하였다. 음악의 힘을 이해하게 되면 우리 삶의 다양한 내적 · 외적 문제를 해결해 나가는 데에 필요한 역량 (empowerment)을 기를 수 있기 때문이다. 강의를 하면 할수록 음악의 이러한 치료적 특성을 가능한 한 많은 사람에게 전해야 할 필요성을 느끼게 되었다.

그간 강의하고 연구한 자료들을 모아 정리하고 수정하고 보완하는 과정을 거쳐 마침내 이 책을 발간하게 됨을 매우 기쁘게 생각한다. 책을 쓰는 과정에 많은 어려움이 있었지만 그때마다 나를 지지해 주는 가족과 소중한 제자들이 있었다. 또한 항상 책을 예쁘게 만들어 주시는 학지사에 진심으로 감사드린다. 그리고 음악치료에 끝없는 관심과 열정을 가진 예비 음악치료사들에게 이 책을 바친다.

이화동산에서

저자 정현주

차례

제1장

음악과 인간: 그 관계의 시작

인간은 언제 음악에 처음 반응했을까? 음악을 듣고 싶어 하는 이유는 무엇일까? 왜 특정 음악을 더 선호할까? 이 장에서는 이러한 질문의 답을 찾고자 한다. 인간과 음악의 관계가 언제부터 시작되었는지, 인간이 음악과 어떻게 교감하는지, 그리고 음악의 심리 정서적 기능이 무엇인지 하나씩 살펴보도록 하겠다.

1. 소리와 청각

인간은 어릴 때부터 자연스럽게 음악을 접하고 음악에 반응한다. 음악을 인식하기 시작하면서 친숙한 멜로디와 리듬에 맞추어 몸을 흔들거나 따라 부르는 등 자발적인 반응을 보인다. 동요는 유아동(乳兒童)의 연령과 발달 수준을 고려한 음악으로, 인간의 성장 과정에서 정서 발달에 매우 중요한 역할을 한다. 이렇게 특별히 유아기 음악 유형이 있는 이유는 무엇일까? 유아기 성장 과정에서 음악이 그만큼 중요한 촉구제가 되기 때문이다. 성장 과정에서 가장 이른 시기에 사용하는 동요가 다양한 차원에서 도움이 될 수 있는 것은 이전부터 음악과 관계가 형성되었기 때문이라고 볼 수 있다. 그렇다면 인간은 언제부터 음악을 듣고 의미를 부여하고 반응하는 것일까?

1) 양수 환경과 청각 발달

인간은 청각 신경을 통해 소리를 듣는다. 청각 신경은 출생 전 양수 환경에서부터 발달하기 시작하는데, 보통 4주차에 들어서면 태아의 머리 양쪽에 이포(otocyst)라는 작은 기관이 만들어지고, 여기에서 와우각(cochlea)과 전정감각기관(vestibule)이 발달한다. 6주차가 되면 청각 신경, 피질신경핵(cochlear nucleus), 상올리브(superior olive)가 각각 분명히 구분될 정도로 발달하며, 7주차에 접어들면 내측슬상핵(medial geniculate nucleus: MGN)이 성인과 유사한 모양을 띠게 된다. 이후 피질 뉴론(cortical neuron)이 지속적으로 발달하는데, 대뇌피질 중에서 대체로 먼저 발달하는 부위라고 할 수 있다. 11주차에는 달팽이관이 거의 모습을 갖추고, 20주차가 되면 16,000개의 털 세포가 생기면서 청각 신경과 시냅스를 형성하는 등 청각 기관으로서의 기본 형태를 이미 갖추게 된다. 또한 달팽이관이 완전히 발달하기 전에 청각 신경 세포가 뇌간에 출현한다.

태아 때부터 청각 신경이 발달한다면 태아는 자궁에서 어떤 소리를 들을까? 사실 청각 기관이 발달했다고 해서 모든 소리를 들을 수 있는 것은 아니다. 산모의 자궁 환경은 양수로 가득 차 있고 태아의 귀도 액체로 채워져 있기에, 외부에서 들려오는 소리가 명확하게 전달되지는 않는다. 즉, 다양한 외부 소리가 복부를 통해 자궁에 다다르지만 소리의 질과 특성에 의해 공기 환경과는 다르게 전달된다.

이렇게 전달되는 소리는 음향적 특성에 따라서 전달력이 다르다. 여러 주파수대의 소리 중 저주파수가 전달력이 강하므로 여성의 목소리보다 남성의 목소리가 더 우세할 것 같지만, 엄마의 목소리는 직접 전달되기 때문에 전달력이 높다고 할 수 있다. 초음파를 통해 다양한 소리에 반응하는 태아의 행동을 연구한 결과, 개인차는 있지만 저주파수 소리에 몸을 움찔거리는 행동을 보였다. 그리고 시간이 지날수록 반응하는 데 필요한 소리 세기의 역치가 넓어지고 주파수 영역대도 높아졌다(Verny & Kelly, 1981).

태아는 6개월이 되면 여러 가지 소리를 들을 수 있지만, 소리에 대한 구별능력은 7개월 정도가 넘어야 발달한다(Eliot, 1999). 이는 임신 마지막 주기인 3주기에 들어서야 태아의 달팽이관 안에 각기 다른 주파수대를 감지할 수 있는 털 세포가 발달하고, 양수를 통해 다양한 소리 자극에도 충분히 노출되기 때문이다. 이러한 자극은 태아 청각(prenatal hearing) 능력을 강화시켜 주는데, 이는 출생 후 언어에 내포된 정서 및 감정을 인식하고 간접적으로 경험할 수 있는 언어 능력을 기르는 데 중요하다(Eliot, 1999). 태아는 자궁 안에서부터 듣고, 기억하고, 친숙한 것과 그렇지 않은 것을 구별하는 등 이미 외부 세계에 대한 준비 훈련을 시작한다고 볼 수 있다.

2) 리듬 및 선율과의 선천적 관계

인간과 음악의 관계를 이해하려면 먼저 음악이 무엇인지 정의할 필요가 있다. 음악의 정의는 학자들에 따라 다양하지만, 이 장에서는 가장 기본적인 정의인 '특정 음고(fixed pitch)를 가진 소리의 시간적 배열'로 음악을 정의하고자 한다. 이 정의에 따르면 음악의 요소 중 리듬은 '소리의 시간적 배열'로, 선율은 '음의 높이를 가진 소리의 나열'로 설명할 수 있다. 이 두 가지 정의를 토대로 지금부터 인간의 음악적 선천성을 살펴보겠다.

인간과 리듬의 최초 관계는 태아와 엄마의 심장박동 관계에서부터 시작한다. 태아의 심장박동은 임신 주기에 따라 조금씩 달라지지만 보통 분당 140~160회 정도로, 70~80회를 유지하는 성인에 비해 템포가 매우 빠르다(Katsh & Merle-Fishman, 1998). 태아는 양수 환경에서 엄마의 심장박동 페이스(pace)를 간접적으로 인식하며, 엄마의 심장박동 사이클과 자신의 심장박동 사이클의 일치감(synchrony)을 경험하면서 성장한다.

엄마의 정서 상태가 안정적이면, 심장박동 패턴과 같은 생리적 변인들도 항상성(homeostasis)을 유지한다. 그러나 만약 엄마가 갑작스럽게 감정적 자극이나 심리적 불안감을 경험하면 기존 심장박동 패턴에 변화가 일어나 불규칙해지며, 태아는 이런 부정적 변화를 바로 감지하게 된다. 즉, 그동안 유지되던 두 심장박동 간의 일치감이 어긋나면서 긴장과 불안을 경험하는 것이다.

그렇다면 선율은 어떠할까? 인간과 선율의 관계 역시 태내에서부터 시작된다. 양수 환경에서 처음으로 접한 엄마의 목소리와 관계가 있는데, 엄마가 정서적 안정 상태에 있을 때 태아는 심장박동뿐 아니라 목소리 음색으로도 이를 확인할 수 있다. 즉, 안정 상태의 언어적 특성(평균적인 목소리 톤과 적당한 강도, 적절한 높낮이, 레가토적으로 부드럽게 이어지는 억양 등)이 태아에게 분명하게 전달된다. 반면, 엄마가 매우 격양된 상태에 있을 때는 언어 자체의 강도가 매우 세고, 악센트가 있으며, 스타카토적으로 딱딱 끊어지고, 특정 톤에 맞춰진 억양을 담게 된다. 이와 동시에 빨라진 심장박동, 상승된 피부 온도 등 부적 상태를 반영하는 변인들이 태아에게 전달된다. 이렇게 태아는 양수 환경에서 정서적 특성이 포함된 리듬적 요소와 선율적 요소에 지속적으로 노출되다가 태어난다.

3) 신생아-대상 언어

출생 후 환경이 양수 환경과 완전히 달라지면서 신생아의 청각 기능은 이에 부응하여 발달한다. 양수에서 벗어나 세상 밖으로 나오면, 자궁 안에서 들었던 여러 가지 소음이 사라지고 귀 안의 액체도 제거되어 외부 소리가 훨씬 더 명료하게 들린다. 또한 이때까지는 시각이 크게 발달하지 않았기 때문에 외부 세계와 주로 청각을 통해 관계를 맺는다.

이 시기에 엄마와 신생아의 언어적 교류 방식은 매우 중요하다. 신생아는 아직 언어의 통사론적 이해가 가능하지 않기 때문에 비언어적 특성을 활용한 과장된 소통이 필요하다. 이를 신생아-대상 언어(infant-directed speech)라고 하는데, 표현에서 알 수 있듯이 매우 독특하고 특별한 화법이다. 이 화법이 중요한 이유는 언어의 음악적 특성들을 최대한 활용해서 정서적·심리적·감정적 메시지를 전달하기 때문이다. 과장된 억양, 느린 말투, 음소 하나하나를 연결하는 레가토적인 흐름 등은 긍정적인 정서를 전달하고 유도할 수 있는 신생아-대상 언어의 특징이다.

신생아의 청각 역치는 40~50dB(데시벨) 정도로, 언어 리듬을 인식하고 언어의 음률적 특성(prosody)에도 충분히 반응할 수 있다. 즉, 모국어 여부, 엄마가 쓰는 언어의 억양 또는 선율적 측면을 충분히 알 수 있다는 것이다. 관련 연구에서도 출생 이후 신생아가 모국어와 외국어도 구별할 수 있다는 결과가 나왔는데, 모국어를 들었을 때 고무젖꼭지를 빠는 행동이 증가하는 등의 긍정적인 반응을 보였다(Eliot, 1999). 출생 후 6개월이 되면, 출생 직후에 비해 고주파수 음을 더욱 쉽게 인식하고 다양한 음역대의 소리를 구별하게 된다. 이처럼 성장하면서 가청 음역이 지속적으로 높아지고 확장되는 것은, 뇌간과 청각 피질에 퍼져 있는 신경들이 고음에 반응하면서 나타나는 현상이라고 할 수 있다. 신생아의 청각 기능은 엄마나 다른 양육자와 주고받는 언어적 상호 작용을 통해 자극을 받고 강화되는데, 이러한 과정을 거치며 점차 언어적 특성을 구성하는 억양, 음색, 조음 특성(articulation) 등을 인식할 수 있게 된다(Peck, 1995).

2. 유아기 음악 능력의 발달

유아기 발달 과정에서 음악은 중요한 역할을 담당한다. 특히 여러 발달 영역 중에서도 음악은 청각 자극제로서 감각 통합과 정서 발달을 촉진한다. 물론 촉각, 후각, 시각 등도 엄마와 아이의 유대감을 증진시키지만 청각만큼

지대한 영향력을 미치지는 못한다. 모성적 자극 중 후각과 촉각 등이 아이가 주 양육자인 엄마와 특별한 애착 관계를 형성하는 데 의미 있는 역할을 한다면, 청각적 자극과 상호 작용은 대상과 소통할 수 있게 한다는 점에서 또 다른 의미가 있다.

출생 전부터 시작된 인간과 음악의 관계는 유아기를 거치면서 음악과의 꾸준한 상호 작용을 통해 계속 발전한다. 인간이 성장할수록 운동 기능과 인지 기능이 강화되듯이 음악적 기능 역시 발달한다. 유아의 성장 단계별 음악적 기능 및 발달 과정을 구체적으로 살펴보면 다음과 같다(Schwartz, 2008).

① 0~3개월: 이 시기의 신생아는 주파수대가 다른 음들을 구별할 수 있다. 성인과의 언어적 상호 작용 시 일반적인 언어 형식보다 신생아-대상 언어를 더 선호하며, 자장가 같은 이완적 음악에 더 잘 반응한다.

② 3~9개월: 신생아들은 옹알이를 포함한 다양한 발화를 시도하면서 외부와 소통하기 시작하는데, 이를 반사적 단계라고도 부른다. 신생아들은 고음의 악기 소리나 여성 목소리로 녹음된 음악들을 즐기는 편이다. 이 시기의 음악적 발달을 청각적·리듬적·음성적 차원에서 살펴보면 다음과 같다.
  • 청각적으로는 소리가 나는 쪽으로 얼굴을 돌리면서 반응하고, 노래가 들리면 집중한다. 2개의 음정과 음색 또는 리듬을 구별할 수 있으며 선율 패턴을 인식하는 능력이 생긴다. 또한 음악에 반사적으로 혹은 자율적으로 반응한다.
  • 리듬적으로는 운동적 반사 반응을 보이기 시작하는데, 소리에 동화되거나 리듬에 맞춰 몸을 움직이는 등 리듬 패턴과 빠르기를 구별할 수 있다.
  • 목소리로는 음성적 모델링을 하기 시작하고 출생 시보다 한 옥타브 확장된 소리를 내기도 한다. 계속 다양한 소리를 만들면서 목소리에

대해 탐색하기 시작한다.

③ 9~18개월: 이 시기를 음악 발달의 준비 단계라고 부른다.
- 청각적으로는 눈과 머리를 사용하여 소리의 위치를 인식한다.
- 리듬적으로는 각기 다른 신체 부위를 사용하여 음악에 맞추어 움직이는 등 다양한 신체적 반응을 보인다.
- 음성적으로는 안정된 음을 유지하지 못하나 특정 음역 내에서 소리를 내보는 등 여러 가지 음고 탐색을 시도한다.
- 친숙한 음악을 구별하여 선율을 만들어 보기도 하고 음소, 모음, 자음 등을 사용해 본다.

④ 18~36개월: 이 시기를 음악 발달의 주도적 단계라고 부른다.
- 리듬적으로는 음악에 반응하는 동작이 다양해지고 운동 기능도 크게 향상된다.
- 음성적으로는 노래하기를 시도하며 가사의 선율이나 리듬을 기억한다. 장2도, 장3도 또는 단3도, 완전4도, 완전5도의 노래는 충분히 부를 수 있으며 가창력도 향상된다.

⑤ 36~72개월: 이 시기를 음악 발달의 통합적 단계라고 부른다. 전반적으로 음 지각력이 향상되며 소리 조절도 가능하다. 음악 교육을 시작하기에 가장 적합한 시기로, 추상적 개념(장단, 고저, 강약)을 하나씩 습득하게 되고 음악 정보의 보존 능력도 향상된다.
- 청각적으로는 소리의 강도를 구별할 수 있게 된다.
- 리듬적으로는 협응 동작에 관여하는 신체 움직임의 범위와 눈-손 협응이 발달한다. 리듬 동작에 필요한 운동 패턴의 지속적인 발달을 보인다.
- 음성적으로는 즉흥적으로 노래할 수 있는 능력을 갖추게 되는데, 주로

1~3개의 악절과 2~4음으로 구성된 노래를 부를 수 있다. 가사, 선율, 리듬, 악구(樂句)에 대한 인식이 가능하며 상향 선율보다 하향 선율을 더 선호한다. 60개월이 넘으면 노래 레퍼토리가 증가하며 가사를 부분적으로 외워서도 부르고 안정된 음정을 유지하면서 부를 수 있다.

유아기에는 음악적 환경을 포함한 다양한 환경에서 들리는 소리에 대한 '인식(awareness)'이 시작되는데, 여기서 '인식'이란 자극에 대한 의미와 이해를 탐색하고자 하는 시도를 뜻한다. 크게 감각적·신체적·존재적 차원에서의 인식으로 확장되며, 성장하면서 외부 환경 및 타인에 대한 인식 능력과 더불어 이에 따른 사고력도 발달한다. 음악은 이러한 인식을 자극하고 촉진하는 환경을 제공한다. 아이들이 음악을 경험하는 수준은 기질과 성향 그리고 상황에 따라 매우 다양하다. 즉, 수동적(passive)으로 음악을 접하거나 직접 연주하는 등 적극적(active)으로도 경험할 수 있으므로, 이를 고려하여 적합한 음악을 제공하는 것이 중요하다.

물론 음악을 경험하는 것 자체가 목표가 될 수 있으므로 음악에 대한 반응이 매우 적고 느릴 수 있다. 음악에 대한 인식이 향상되었는지를 보려면 계속 반응을 살피는 것이 중요하다. 예를 들면, 음악이 들리는 쪽으로 얼굴을 돌리는지, 몸을 돌리는지, 다가오는지를 살펴야 한다. 엄마의 노래를 따라 소리를 내는지, 음을 나름대로 탐색하는지 등도 볼 수 있다. 또는 음악을 틀면 집중을 하거나 하던 일을 멈추고 감상하는 듯한 행동을 취하는지 등을 살펴볼 수도 있다.

1) 자장가와 중간 현상

유아는 엄마가 부르는 노랫소리를 들으면서 음악이 가진 음향적 자극 이상의 심리 정서적 의미를 습득하게 된다. 다양한 모성적 자극 중에서도 엄마가 불러 주는 자장가와 요람 노래는 점차 모성 청각 자극(maternal auditory stimulus)으로 발전하는데, 이를 중간 선율(transitional tune)이라고 한다 (McDonald, 1970). 이 중간 선율은 대상 관계 이론의 중간 대상(transitional object) 개념에서 비롯되었다.[1] 중간 대상이란 엄마로부터의 분리 경험을 해결하기 위해 유아가 선택하는 대처 방안으로, 주로 불안을 극복하기 위한 방어책으로 사용된다. 초기 유아기에 주 양육자인 엄마와 완전한 애착 관계에 있던 유아는 4개월이 지나면 주위에 있는 물건이나 자신의 소지품 중 하나에 특별한 애착을 갖게 되는데 이를 '애착 물건'으로 부르기도 한다. 흔히 인형이나 컵, 장난감 등이 될 수 있으며 어디를 가든지 몸 가까이에 챙기려는 행위가 바로 여기에 속한다(Eissler, Freud, Kris, & Solnit, 1975; Grosskurth, 1986).

유아가 중간 대상을 찾고자 하는 이러한 행동을 중간 현상(transitional phenomenon)이라고 하는데, 엄마의 부재 시에 자장가를 통한 분리 불안의 감소가 이러한 중간 현상의 한 예가 될 수 있다. 엄마와 유아를 음악적으로 연결해 주는 자장가는 '중간 선율'로 기능하며 불안을 극복하기 위한 방어책으로 사용된다. 자장가는 전 세계적으로 비슷한 특성이 있는데, 대체로 리듬이 일정하고 단조로우며 몸을 흔드는 듯한(rocking) 느낌을 준다(Gaston, 1968). 〈악보 1-1〉에서 볼 수 있는 것처럼, 거의 모든 자장가는 선율이 반복적이며 음의 전개에서 도약이 크지 않고 박자도 단조롭다. 유아들은 반복적이고 안정적인 리듬의 자장가를 통해 불안을 해소하는데, 이렇듯 어머니의 목소리로 불리는 자장가는 유아기 애착 형성 과정에서 매우 큰 역할을 담당한다. 정리하자면, 음악은 생애 초기부터 정서적 안정을 가져다주는 등 인간 발달에서 의사소통 이상의 역할을 한다(Fifer, 1981).

---

1) 'transitional'은 '중간' 또는 '전환'이라는 단어로도 혼용되나, 본문에서는 '중간'으로 사용하였다.

〈악보 1-1〉 여러 나라의 자장가

a. 우리나라 자장가

b. 프랑스 자장가

c. 이스라엘 자장가

2) 음악을 통한 정서적 성장

아이는 영아기 때 부모와 자신을 동일시(identification)하다가 이후 개별화
(individuation) 과정이 시작되면서 자신의 세계와 이에 대한 주도력, 독립성
을 확인하려고 한다. 여기서 개별화는 엄마와 분리될 수밖에 없음을 인식하
게 되면서 자기(self)를 찾아가는 여정을 말한다. 이 개별화 여정은 성인기까
지 성장하는 과정 전반에 걸쳐서 이어진다. 성장하면서 점차 정립되는 자기
인식과 개인관은 이후 타인과의 관계는 물론이고 개인 정서에도 매우 큰 영
향을 미친다. 음악적 환경에서도 개별화 과정은 이어진다. 음악을 통해 경
험할 수 있는 자기인식과 개인관에 관련된 주요 개념으로는 신뢰감, 독립심,
통제감과 주도력 그리고 책임감을 들 수 있다(Schwartz, 2008).

(1) 신뢰감

성장 과정에서 주변 환경과 타인에 대한 인식이 증가할수록 관계 및 대상에 대한 신뢰감은 점점 더 중요해진다. 신뢰감은 환경 또는 특정 대상과 상호 작용하면서 반복되는 경험을 통해 이에 대한 긍정적 믿음을 형성하는 것을 말한다. 상호 작용을 통해 아이가 듣고 보는 모든 것이 아이의 눈과 귀, 뇌의 발달 과정에서 계속 축적되어 전체적인 그림을 그리게 되는데 이 과정에서 사물이나 대상에 대한 일관적이며 예측적인 반응이 곧 신뢰감을 심어 준다. 신뢰감은 아이가 대상을 수용하고 이에 적절하게 반응할 수 있는 심리적 힘을 기르는 데 중요한 요소로 작용한다. 이러한 신뢰감이 토대가 되어 외부와 상호 작용 시, 삶에서 범위와 경계를 조금씩 넓혀 나갈 수 있는 힘을 얻는다.

음악 경험 안에서도 음악 소리와 상호 작용하면서 이러한 신뢰감을 얻을 수 있다. 예를 들어, 건반의 중심음을 눌렀을 때 나는 소리, 위 건반을 눌렀을 때, 아래 건반을 눌렀을 때 나는 소리는 각기 다르지만, 같은 건반은 일관성 있게 누를 때마다 언제나 같은 음을 낸다. 반복을 통해 건반 누르기의 결과를 예측할 수 있고, 누를 때마다 예측된 음이 생성되기 때문에 신뢰할 수 있다. 이러한 신뢰감은 자신이 느끼고 감지하는 내적인 영역에서 시작하여 타인과 환경 등의 외적인 영역으로까지 확장된다. 이렇게 음악 놀이는 아동이 정서적·사회적으로 건강하게 성장하는 데 매우 중요한 역할을 한다.

주 양육자인 엄마와의 신뢰감 형성은 특히 중요하다. 신뢰감을 증진할 수 있는 활동에는 '엄마와 함께 노래 부르기'가 있다. 엄마와 같이 노래를 부르면서 음악의 전개를 예측하게 하고, 예측한 부분을 엄마가 불러 주거나 본인이 부르면서 다시 한 번 기대한 것을 확인받는 시간을 갖는다. 이 과정에서 엄마는 아이에게 자신이 기대한 것을 제공해 주는 대상이 된다. 엄마의 일관된 행동과 반응은 아이의 정서적 성장에 지대한 영향을 미친다. 이러한 맥락에서 엄마와 아이가 음악을 공유하고 그 안에서 같은 경험을 하는 것은 안정감을 다져 주는 기회가 될 수 있다.

(2) 독립심

아이는 타인과 환경을 인식하고 신뢰감을 형성하면서 의존적인 경험보다 독립적인 경험을 쌓아 가게 된다. 엄마에게 입고 먹는 것을 공급받던 수동적 자세에서 서서히 벗어나 자신의 의지가 담긴 행동을 수행하는 것이다. 점차 스스로 어떤 일을 기획해 보고 그 일이 미칠 영향을 생각하고 도전해 보기도 한다. 독립심은 자신을 타인과 분리한 후 스스로 경험하겠다는 의지를 담고 있으므로, 이러한 의지가 행동의 동기로 작용한다. 새로운 자극과 기회를 적극적으로 탐색하고 도전하게 하는 것이다. 물론 첫 시도에서 예상치 못한 어려움을 경험하고 다시 의존적인 위치로 돌아가는 경우도 있다. 하지만 어느 정도 안정감을 되찾으면 아이는 다시 독립적 행동을 시도하게 된다. 운동 기능과 인지 기능이 발달함에 따라 먼저 자신의 주변 공간 영역을 탐색하며, 이후 더 나아가 사물을 탐색한다. 주위에 있는 물건들을 조작하기 위해 흔들어 보고, 눌러 보며, 떨어뜨려 보는 것이다.

아이의 물건 탐색의 예를 들어 보자. 집 안에 기타가 세워져 있으면, 기타에서 소리가 났던 이전의 경험을 기억하고 줄을 튕겨 본다. 혼자서 이전에 경험했던 음악 소리를 상상하면서 연주를 하는 듯한 행동을 하는 것이다. 아이가 혹시라도 망가뜨릴까 봐 엄마가 기타를 다른 곳으로 옮겨 놓으면, 아이는 또 기타가 있는 곳에 가서 줄을 튕기기도 하고 두드려 보기도 한다. 더 나아가 아이가 건반을 연주할 때 함께 연주해 주려고 하면 손을 치우라고 하는 등 혼자만의 경험을 누리고 싶어 하는 예도 있다.

음악은 독립심을 강화하고 시도에 따른 보상을 즉각 경험하게 한다. 음악에 맞춰 악기 연주나 동작을 하는 것은 독립적 행동에 필수적인 운동 기능을 강화해 준다. 음악 활동 시 아이 스스로 자유롭게 연주하거나 리듬 패턴을 구성할 수 있도록 음악적 구조를 제공한다. 예를 들어, 손바닥이나 손가락과 같은 신체 일부를 사용해서 악기를 연주하거나, 머리와 상체를 흔드는 등 다양한 방법으로 자유롭게 음악에 맞춰 동작을 독려한다. 노래를 부를 때에도 각각의 상황에 따라 가사를 재구성하거나 대체하는 등 즉흥적인 선율을 만들어 본다. 이러한 자유로운 음악적 창작 경험은 독립심과 연관된다.

(3) 통제감과 주도력

독립심과 함께 아이는 경험을 주도하고 통제하려는 시도를 시작한다. 물론 통제는 기본적 사고와 판단을 할 수 있는 인지적 기능이 어느 정도 갖춰졌을 때 가능하다. 통제감은 선택에서부터 시작한다. 몇 가지 선택권이 주어졌을 때 '자신이 결정할 수 있다'는 통제감을 경험할 수 있다. 또한 선택권이 주어진다는 것은 선택 사항을 이해하고 자신이 선호하는 것을 선택할 인지 능력이 있다는 의미다. 이러한 선택 능력은 '자기(self)'와 결부된다. 자신의 필요와 욕구를 인식하고, 이를 토대로 외부 세계를 평가하고 판단하면서 자신이 원하는 결정을 내리는 것이다.

한 예로 특정 버튼을 누르면 소리가 나거나 음악이 나오는 악기가 있을 때, 아이가 음악을 듣기 위해 버튼을 반복해서 누르는 것을 볼 수 있다. 이는 버튼마다 소리와 음악이 다른 것을 신기해하면서 다양한 소리를 '만들어 낼 수 있는' 자신의 역량을 확인하려는 행동이다. 또한 성장하면서 걷고, 뛰고, 달리는 것과 같은 자기조절력이 어느 정도 가능할 때, 채를 잡고 다양한 소리의 크기를 산출하는 연주 능력을 갖추게 된다. 연주 시 자신의 힘을 어느 정도 사용하는지가 소리 강도로 확인되기에 자신의 힘에 대한 청각적 피드백을 받을 수 있다.

주도력의 핵심은 주어진 대상과의 관계에서 의도하는 것을 전달하고 이끌어 나갈 수 있는 역량이다. 주도력을 기르는 데 효과적인 음악 활동 중 하나가 지휘다. 지휘는 또래들과 음악을 만드는 과정에서 소리의 크기를 높이거나 낮추는 등 음악을 전체적으로 통제하고 이끌어 가는 역할을 하므로 주도력을 기르는 데 많은 도움이 된다. 노래할 때 엄마나 선생님이 아이에게 노래를 선택할 기회를 부여하고 아이의 음역에 맞추어 같이 노래를 하거나, 아이가 노래를 멈출 때 동시에 반주를 멈추는 등 아이에게 음악적 결정권을 주는 활동도 도움이 된다. 이렇듯 다양한 음악 활동이 아이의 주도력과 통제감을 높이는 데 효과적으로 작용할 수 있다.

(4) 책임감

아이는 자신의 행동에 대한 주도력과 함께 생각, 언어, 감정이 발달한다. 그리고 동시에 가족 구성원으로서 자신의 역할도 가지게 된다. 이때 사회, 문화적 환경에서 자신의 역할과 기대치, 행동 반경 등에 맞추어 사고하게 되는데, 이를 책임감이라고 한다. 즉, 책임감은 자신이 맡아서 해야 할 임무나 의무를 의식하고 의미를 두는 사고 기준이다. 또한 책임감 수행에 있어 그 과제에 관여하는 타인과의 공감 능력도 중요하다. 타인이 어떠한 생각을 하고 있는지, 무엇을 원하고 필요로 하는지를 추론할 수 있어야 하고, 감정 이입을 통해 상대의 입장을 이해할 수 있어야 한다.

책임감을 증진하는 음악 활동은 다양한데, 돌림 노래나 그룹 음악 만들기와 같은 역할 중심의 활동이 있다. 음악 안에서 제시된 지시를 따르고, 선율 전개를 의식하고, 연주 방법을 지키는 행위는 책임 의식에서 비롯된다. 예를 들어, 음악극 활동에서는 이야기에 등장하는 역할을 각각 배정하고, 이야기 흐름에 따라 사건을 묘사할 수 있는 연주를 하는데, 이 과정에서 많은 책임감과 사회적 기술을 경험할 수 있다. 또한 연주나 합창 시 지휘자의 지시를 수행하고 선율을 정확히 노래하고 박자를 지키는 것 역시 음악적 책임감을 수행하는 경험이 된다.

3. 음악과 정서 교감

신생아 시기 엄마와 함께한 정서 교감(affect attunement)의 경험은 이후 건강한 성장에 매우 중요하다. 이 경험은 출생 후 자신과 타인, 외부 세계를 탐색하고 이를 배워 가는 과정에서 가장 핵심적인 양육 요소이며 이는 이후 성장 과정에까지 영향을 미친다. 자녀는 부모의 행동을 모방하고 학습하면서 자기 개념을 습득한다. 이러한 상호 작용이 결핍된 경우, 성인이 된 후에도 자존감 문제와 내적 콤플렉스를 갖게 된다. 그러므로 부모는 끊임없이 아이의 행동을 모방해 주고, 반응해 주고, 아이의 필요와 욕구를 충족시켜 주는 등 부모가 아이의 환경에 존재하고 아이와 같이하고 있다는 사실을 확인시켜 줄 필요가 있다.

이러한 상호 작용의 가장 핵심적인 채널이 바로 언어적 교류이며, 이때 언어에 담긴 음악적 특성을 활용하면 효과적이다. 아기는 출생 이후 자신의 필요를 울음으로 표현하며, 엄마 역시 아기의 울음에 음성적으로 반응하면서 문제를 해결해 준다. 이러한 음성적 상호 작용에는 정서를 표현하는 음악적 특성이 내재되어 있으며, 두 사람 사이에서 중요한 심리 정서적 소통의 기능을 한다(Papousek, 1981). 여기서 가장 중요한 것은 엄마가 아기의 정서 상태를 소리로 표현해 주는 것이다. 9개월 이후 엄마는 음성적 모방에서 더 나아가 동작이나 제스처 등 행동까지 반영해 주는 것이 좋은데, 적어도 15개월까지는 다감각적 차원에서 시각적 · 청각적 · 운동 감각적으로 상호 작용하는 것이 중요하다.

엄마는 아이의 정서적 경험을 표정과 억양으로 반영해 주면서, 이에 대한 공감적 제스처를 취한다. 즉, 열린 표정과 소리, 몸짓 등 표현 가능한 모든 방법을 활용하는 것이다. 이러한 엄마의 반영을 통해 아이는 자신이 무엇을 느끼고 경험하고 있는지를 알아 가게 된다. 즉, 자신이 경험한 것을 엄마도 똑같이 경험하고 있다는 확인은 정서적 성장에 지대한 영향을 미친다. 이러한 부모와 아이 사이의 충분한 정서적 상호 작용과 친밀감을 정서 교감이라고 한다(Stern, 1985).

정서 교감은 크게 강도, 시간성, 형태로 분류할 수 있다. 먼저 강도는 아기가 표현하는 소리를 똑같은 강도로 모방해 주는 것이고, 시간성은 행동의 시간적 흐름을 모방해 주는 것이다. 형태는 동작의 모방적 형태를 의미하는데 위, 아래(끄덕이기, 어깨를 들썩이기), 좌우(목 흔들기) 등 표현 가능한 행동으로 전환하여 모방한다.

　정서 교감에는 몇 가지의 기본 전제가 필요하다. 먼저 엄마는 아기가 어떠
한 것을 경험하는지 인지할 수 있는 능력을 갖추어야 한다. 둘째, 이 경험을
가장 적절한 표현으로 아기에게 재현해 줄 수 있어야 한다. 마지막으로, 아
기는 이러한 부모의 반응과 자신이 가장 처음 느꼈던 그 느낌(original feeling)
을 동일한 맥락으로 경험할 수 있어야 한다. 즉, 부모가 표현해 주는 감정을
통해 자신이 경험한 감정을 확인받고 지지받는 것이다. 이러한 상호 작용은
건강한 애착 관계를 가능하게 할 뿐만 아니라 부모 역할(parenting)에서도 매
우 중요한 정서적 채널을 형성한다.

　한편, 이러한 정서적 지지를 충분히 받지 못한 경우, 성장 과정에서 음악
이 그 정서적 결핍을 대신 충족시켜 주는 역할을 한다. 인간은 신생아 때는
물론이거니와 성인기에도 정서적 필요(need)를 내재하고 있다. 그래서 음악
을 선택하여 듣고, 그 음악을 통해 정서적 결핍을 채우는 것이다. 완벽한 부
모 역할과 양육이 쉽지 않은 만큼 모든 사람의 내면에는 이러한 정서적 교감
의 결핍이 있다. 이에 부모로부터 미처 반영받지 못한 감정과 욕구를 자신이
선택한 음악을 통해 위로와 지지를 받을 수 있다. 성장하면서 지속적으로 음
악은 다양한 정서를 교감해 주는 무조건적인 지지 자원(supportive resource)
으로 기능한다. 살면서 경험하는 다양한 감정 하나하나를 교감해 주고 위로
해 주는 매개체가 되는 것이다.

Summary

- 출생 전 양수 환경에서부터 발달되는 태아 청각 능력은 출생 후 언어 및 정서 발달에 큰 영향을 미친다.
- 태아는 양수 환경에서부터 정서적 특성이 포함된 리듬적 요소(예: 심장박동)와 선율적 요소(예: 억양)에 지속적으로 노출되었다가 출생한다.
- 신생아-대상 언어는 언어의 음악적 특성들을 최대한 활용해서 정서적·심리적·감정적 메시지를 전달하는 것으로, 생애 초기 주 양육자와의 상호 작용에 있어서 중요한 역할을 한다.
- 청각 능력은 주 양육자와의 소통 수단이라는 점에서 아이의 인지와 정서 발달에 매우 중요하다. 청각 능력이 발달하는 것처럼 음악 기능도 성장 단계에 따라 수준이 달라진다.
- 생애 초기 주 양육자가 제공하는 자장가나 요람 노래는 점차 모성 청각 자극으로 발전하며, 중간 선율로 기능하게 된다. 이처럼 음악은 불안을 해소하고 정서적 안정을 가져다주는 등 인간 발달에서 의사소통 이상의 역할을 한다.
- 음악은 인식을 자극하고 촉진하는 환경을 제공할 뿐 아니라 신뢰감, 독립심, 통제감과 주도력, 책임감 성장에도 큰 영향을 끼친다.
- 음악은 정서적 교감의 매개체로서 결핍된 정서 교감을 제공하고, 삶에서 무조건적인 지지 자원으로 기능한다.

제2장

리듬의 치료적 기능

음악이란 무엇이며 어떤 요소들로 구성되는지를 알아보는 것이 음악에 대한 인간의 반응을 이해하는 데에 반드시 필요하다. 음악을 구성하는 개별 요소들이 무엇인지와 그 요소들이 복합적으로 어우러질 때 형성되는 위계 및 전개 방식들을 이해할 필요가 있다. 음악에 대한 충분한 이해를 토대로 인간의 인지적·심리적·정서적 반응을 고찰하고 음악 요소들이 지닌 치료적 기능을 개별적으로 조명해야 한다.

이에 이 장에서는 다양한 음악적 요소군 중 먼저 리듬 요소군에 포함되는 세부 요소들을 개별적으로 살펴보고 진동에서부터 감정 조율의 도구로서의 음악이 지닌 인지적·운동적·신체적 기제를 알아보고자 한다.

1. 소리와 음

우리는 물리 수업을 통해 소리가 공기의 진동이라는 것을 알고 있다. 어떤 물체에 힘(마찰 혹은 튕김)을 가하면 주변 공기에 진동이 발생하고, 그 진동이 우리 귀의 고막 바로 앞의 공기로까지 전달되며, 공기의 진동에 따라 고막이 진동하면 소리를 들을 수 있게 된다.

소리가 생성되어 뇌에서 정보가 처리되는 과정은 크게 3단계로 나뉘며 전달되는 과정에 따라 각기 다른 이름으로 불린다. 음악으로 이해되기 이전 물체에서부터 진동의 형태로 귀에 도달하기까지의 소리는 물리적인 이름으로, 귀에서 뇌에 도달하기까지는 감각적 변인으로, 뇌에 전달되어 지각된 이후로는 음악 용어로 불린다([그림 2-1] 참조).

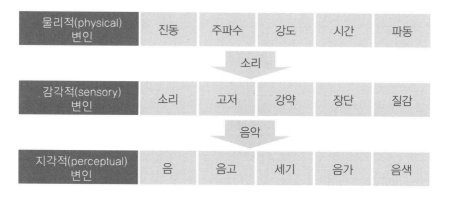

[그림 2-1] 소리의 전달 과정에 따른 용어

물체에서 귀에 도달하는 과정까지 소리는 물리적 속성을 지닌 진동의 형태를 띤다. 주파수, 강도, 시간, 파동이 바로 물리적 속성을 설명하는 개념이다. 모든 악기에는 앰프 역할을 하는 공간이 있어서 아무리 작은 진동이라도 강도를 증폭시켜 감상자의 귀에까지 소리로 전달해 준다. 악기에서의 앰프는 피아노의 경우 건반 뒤의 몸통, 현악기의 경우 본체 안의 공간이 그 역할을 한다. 이처럼 소리는 진동의 형태로 공간을 타고 전달된다.

다음 단계는 귀에서 뇌로 전달되는 과정이다. 이 단계에서는 청각 신경이 물리적 정보를 전기 자극으로 환산하기 때문에 청각적 감각 중심의 용어를 사용한다. 소리에서부터 지각된 주파수는 빠르기에 따라 고저, 강도, 강약, 시간은 장단, 파동은 질감으로 해석한다. 감각 신경을 통해 지각된 소리는 뇌의 분석을 거쳐 이후 음악적 맥락에 근거한 용어로 불리는데, 고정 주파수를 지닌 소리는 음으로, 높낮이는 음고, 강도는 세기(다이내믹), 파동은 음색, 소리의 길이는 음가로 부른다(이석원, 2013).

　보통 우리가 들을 수 있는 주파수는 20~20,000Hz 이내인데도 불구하고 음악 감상에 사용하는 청각적 음역대는 비교적 한정된 영역에 있는 소리다. 한 예로 합창의 성부를 중심으로 설명하자면, 베이스의 경우 음역이 C2~E4, 테너는 B2~C5, 알토는 D3~E5, 소프라노는 B3~C6이다. 물론 기악곡의 경우에는 더 넓은 음역대의 소리들이 연주될 수 있지만 그럼에도 인간이 들을 수 있는 가청 범위를 모두 활용하지는 않는다. 다음은 일반적인 성악 음역대를 악보화한 것이다([그림 2-2] 참조).

베이스　　　　　테너　　　　　알토　　　　소프라노

[그림 2-2] 각 성부의 음역

2. 리듬군과 세부 요소

　소리는 시간에 근거한다. 시간적으로 나열된 소리 간의 거리에 따라 음가(음의 길이)가 결정되고 이것이 곧 리듬 패턴을 이룬다. 박의 길이는 그다음 박이 언제 제시되느냐에 따라 규명되므로 시간적 틀이 매우 중요하다. 음악에서는 '리듬'이 비교적 광의의 이름으로 불리며 음악을 이루는 가장 기본적인 구성 요소의 역할을 한다. 음악에서 리듬은 크게는 하나의 요소로 보지만 사실은 그 아래에 여러 하위 요소가 존재한다. 박이 나열되는 패턴과 그 일관성에 따라 배경 리듬과 전경 리듬으로 나뉘며, 이외에 템포, 박자, 악센트 등 부수적인 개념이 존재한다.

배경 리듬은 심장박동과 같은 기본적 박을 의미하며 음악의 시간적 틀과 골격이 된다. 건축물에 비유하면, 기둥과 지지대로서 건물의 기반 역할을 한다고 볼 수 있다. 전경 리듬은 이러한 배경 리듬의 기반 위에 제시되는 좀 더 자유롭고 충동성을 띤 리듬 패턴을 의미한다. 간단히 예를 들면, 피아노 음악의 경우 주로 코드를 제공하는 왼손은 배경 리듬을 제공하고, 리듬이 자유로운 오른손은 전경 리듬를 제공한다고 볼 수 있다. 음악에서는 배경 리듬이 강한지 전경 리듬이 강한지에 따라 음악의 에너지 수준과 동적 수준이 결정된다. 이 외에 템포, 박자, 악센트 등 리듬감을 조직화해 주는 요소들이 있는데, 이들이 어떻게 제시되었는지에 따라 전경 리듬을 지지하거나 배경 리듬을 지지할 수도 있다.

1) 배경 리듬

배경 리듬은 음악의 기반이 되는 핵심 리듬 구조다. 음악을 시간적으로 조직화하는 '리듬'은 박(beat)으로 구성되며 박은 리듬의 가장 작은 기본 단위다(Bruscia, 1987). 이 박이 다른 박들과 어떻게 시간적 거리를 두고 나열되느냐에 따라 감상자의 정서 반응이 달라진다. 만약 박이 다른 박들과 동일한 시간적 거리를 두고 나열되었다면, 인간의 심장박동(pulse)과 같은 느낌을 받을 것이다. 반대로, 박들의 간격이 균등하지 않고 각기 다른 시간대에 제시된다면 심장박동과 같은 안정된 느낌보다는 자극적이고 에너지를 끌어내는 정서 반응을 경험하게 될 것이다.

먼저 [그림 2-3]을 보자. 다음과 같이 박과 박의 시간적 간격이 같은 경우, 안정적인 정서를 느끼게 된다. 양수 속에서 듣던 엄마의 심장박동 소리가 일정한 박의 나열과 같은 패턴이었으므로, 이러한 박의 나열은 태아가 양수 환경에서 경험한 평정 상태를 재경험하도록 도와준다. 즉, 엄마로부터 받았던 정서적 안정감을 연상시킨다. 또한 이러한 박의 나열은 감상자로 하여금 진정적 상태에 머물게 해 준다.

[그림 2-3] 배경 리듬 패턴의 예

이러한 규칙적인 박으로 구성된 배경 리듬이 부각된 곡으로는 알비노니 (Albinoni)의 〈아다지오(Adagio)〉를 들 수 있다. 〈악보 2-1〉의 베이스 부분을 보면 옥타브로 G, A, Bb, C 등이 일정한 시간적 간격을 두고 제시되는 것을 볼 수 있다. 음이 4분음표로 진행되며 심장박동처럼 규칙적이다. 박과 박의 간격이 일률적이고 예측 가능하며 감상자의 심장박동의 빠르기보다 늦기 때문에 진정 반응을 유도할 수 있다. 베이스의 리듬만을 보았을 때 명료하면서 일관적인 배경 리듬은 감상자가 이완과 평온함을 경험할 수 있게 한다(〈악보 2-1〉 참조).

〈악보 2-1〉 배경 리듬의 예: 알비노니의 〈아다지오〉

2) 박의 하위 분할

배경 리듬을 구성하는 박은 그다음 오는 박과의 시간적 간격이 좁아지거나 길어질 수 있다. 박의 하위 분할이라고 하면 시간이 반으로 줄어든다는 것을 의미한다. 즉, 4분 음표는 8분 음표가 되고, 8분 음표는 16분 음표로 나뉘는 것이다. 하위 분할은 몇 가지 단계로 가능한데 [그림 2-4]에서와 같이 4분 음표(a)가 8분 음표(b)로, 16분 음표(c)로 하위 분할되는 것을 볼 수 있다. 박들의 시간적 간격이 좁아지면 리듬감이 상승하는 것을 느낄 수 있다. 흥미로운 것은 박이 하위 분할될수록 음악의 템포가 빨라진다고 느끼면서 감상자의 에너지 수준이 상승하게 된다는 점이다.

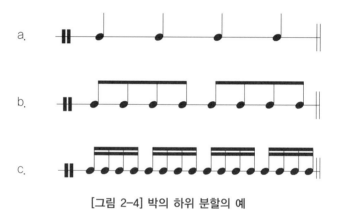

[그림 2-4] 박의 하위 분할의 예

한 예로 파헬벨(Pachelbel)의 〈캐논 변주곡(Variation of the Canon)〉은 주제가 다양하게 변주되는 과정에서 점차 하위 분할 개념을 적용하였다. 〈악보 2-2〉를 보면 리듬 형태에 따라 각기 다른 에너지 수준을 지니고 있음을 느낄 수 있다. 처음에는 2분 음표의 느린 선율(a)에서 시작해서 이후 4분 음표(b)로 진행되다가, 그다음 8분 음표(c)로 한 단계 더 하위 분할된 리듬으로 제시되고, 그다음 16분 음표(d)로 한 단계 더 하위 분할된다. 감상해 보면, 리듬이 하위 분할될 때마다 음악의 에너지 수준이 상승하고, 감상자 역시 조금씩 각성되는 것을 느낄 수 있을 것이다.

〈악보 2-2〉 박의 하위 분할의 예: 파헬벨의 〈캐논 변주곡〉

a. 2분 음표 중심의 예시

b. 4분 음표 중심의 예시

c. 8분 음표 중심의 예시

d. 16분 음표 중심의 예시

3) 전경 리듬

배경 리듬이 일정한 시간 간격을 유지하면서 반복되는 기본 박 중심의 패턴이었다면, 전경 리듬은 반대의 패턴을 띤다. 즉, 각 박이 각기 다른 시간적 거리를 두고 배열된다. 배경 리듬이 'pulse'라고 불리는 데 반해, 전경 리듬은 심장박동(pulse)이 아니라는 의미에서 'im-pulse'라고 불린다. 'impulse'는 충동성이라는 의미도 있다. 즉, 평정 상태를 추구하는 배경 리듬과 달리 전경 리듬은 오히려 평정 상태에서 분리되거나 떠나고자 하는 욕구와 에너지를 통제하지 않고 자유롭게 허용한다([그림 2-5] 참조).

[그림 2-5] 전경 리듬의 예

전경 리듬은 예측이 힘들고, 통제를 벗어나고자 하는 욕구를 표출시키며, 에너지적 추동(energy drive)을 가져온다. 여기서 추동(drive)은 인간이 생득적으로 지닌 욕구 충족의 에너지라고 할 수 있는데, 특정 정서적 상태에 있는 경우 정서의 질과 강도에 따라 그 정서를 해소하고 해결하고자 하는 욕구를 의미한다. 이러한 발산적 에너지는 정서적 균형감과 항상성을 유지하기 위해 내재된 자기 조율적 기제라고 할 수 있다.

전경 리듬 패턴을 가진 음악으로 스콧 조플린(Scott Joplin)의 〈엔터테이너(Entertainer)〉를 들 수 있다. 〈악보 2-3〉에서 보면 반주는 적절하게 배경 리듬을 유지하는 한편, 선율은 매우 경쾌한 에너지를 담은 전경 리듬으로 구성되어 있다. 즉, 이 곡은 앞에서 살펴본 알비노니의 〈아다지오〉와 달리 전경 리듬(선율)이 더 부각된 곡이라고 할 수 있다. 선율의 리듬을 살펴보면 다양한 리듬 패턴(16분 음표, 8분 음표, 4분 음표)을 사용했고, 부점 사용을 통해 기존의 평정 상태를 탈피하고 움직임을 동요시키는 정서를 유도한다. 선율의 전경 리듬적 특성은 음악에서 전하고자 하는 발랄함, 즐거움, 경쾌한 정서를 충분히 전달한다. 즉, 진정된 상태를 유도하는 것이 아니라 보다 상승된 에너지를 촉구하고 있다.

또 다른 예로 피아졸라(Piazzolla)의 〈리베르탱고(Liebertango)〉를 들 수 있다. 이 곡은 4/4박자로 하위 분할 시 8분 음표로 나뉘어 정박으로 리듬을 제시하는 대신에 세 음가로 분할된 리듬을 제공한다. 이렇게 동일하지 않은 하위 분할의 베이스는 미묘한 텐션을 조성하면서 각성을 유도할 수 있다. 이러한 리듬 구성은 약간의 에너지적 동요를 유도하는 춤곡으로서는 적절한 리듬 구성이라고 볼 수 있다(〈악보 2-4〉 참조).

〈악보 2-3〉 전경 리듬의 예 1: 조플린의 〈엔터테이너〉

〈악보 2-4〉 전경 리듬의 예 2: 피아졸라의 〈리베르탱고〉

4) 배경화된 전경 리듬

'배경화된 전경 리듬(grounded rhythmic figure)'은 배경 리듬이나 전경 리듬 과는 또 다른 하나의 리듬 유형이다. 박들의 시간적 간격이 전체적으로 동일 하지 않지만 간략한 전경 리듬 패턴이 반복을 통해 '배경화'된 리듬이다. 즉, 반복을 통해 계속 같은 패턴이 유지되면서 배경적 기능을 하는 것이다. 〈악보 2-5〉에 제시된 드보르자크(Dvořák)의 〈유모레스크(Humoresque)〉를 보면 선율의 부점 리듬(♪♪)안에서 반복되는 것을 알 수 있다.

〈악보 2-5〉 배경화된 전경 리듬의 예: 드보르자크의 〈유모레스크〉

　정리하자면, 음악은 그 리듬적 특성이 전경 리듬이 강한지 배경 리듬이 강한지에 따라 음악의 전체 분위기가 동적인지 정적인지 결정된다. 예를 들어, 배경 리듬이 강한 알비노니의 〈아다지오〉는 심장박동의 느낌, 즉 박이 매우 두드러진 곡이어서 감상자들을 비교적 진정시켜 주는 정적인 음악이다. 반면에 전경 리듬이 강한 〈엔터테이너〉는 부점과 리듬 꼴이 좀 더 동적인 분위기를 유도한다. 특히 조성 음악의 경우, 선율 리듬이 박자 리듬(배경 리듬)과 얼마나 일치하는지에 따라 그 음악의 동적 수준이 결정되기도 한다.

5) 템포

　배경 리듬과 전경 리듬이 리듬 패턴의 유형이라면, 템포는 음악 안에서 박들이 제시되는 전체적인 속도를 말한다. 하나의 박 이후 그다음 박이 언제 오는지에 대한 전체적인 빠르기로, 음악에서 시간적 흐름을 구조화하는 기능을 한다. 템포가 상승하는 것은 활동 수준이 높아진다는 의미가 되고, 하강하는 것은 활동 수준이 낮아진다는 의미가 된다. 즉, 템포는 그 음악의 에너지 수준을 의미하는 지표라고 할 수 있다.

　템포는 완벽하게 시간에 근거하며, 메트로놈(metronome) 표기법을 통해 수치로 표현할 수 있다. 즉, 'M=60'이라고 표기된 경우 1분에 60개의 4분 음표가 제시된다는 의미다. 하지만 작곡자에 따라서 이 표기법을 사용하는 경우도 있고 그렇지 않은 경우도 있는데, 곡에 따라 연주자의 주관적 표현을 존중하고 이를 허용하고자 하는 의도가 높은 경우에는 수량적 지시어보다 서술적이거나 질적인 지시어를 사용한다(백병동, 2007; 정지용, 2000). 사실 템포와 관련된 단어들은 '속도'에 대한 지시어라기보다 '행동과 기분'에 대한 서술적 지시어들로서 이탈리아어가 대부분이다. 예를 들면, 'allegro'는 '밝고, 명쾌하게'이고, 'andante'는 '천천히 이동하다'의 뜻이다. 일반적으로 통용되는 템포와 관련된 지시만을 정리하면 〈표 2-1〉과 같다.

〈표 2-1〉 음악의 빠르기말

빠르기말	의미	메트로놈
Grave	느리고 장중하게	40
Largo	느리고 폭넓게	40~46
Lento	느리고 무겁게	52
Adagio	느리고 침착하게	56~60
Andante	느린 걸음의 빠르기로	66~76
Andantino	조금 느리게	69
Moderato	보통 빠르기로	80~108
Allegro	빠르고 즐겁게	120
Vivace	빠르고 경쾌하게	160
Presto	빠르고 성급하게	168~184

6) 박자

음악은 시간 예술이고, 리듬은 시간의 틀 안에서 일어난다. 리듬은 지각적·행동적 차원에서 인간이 가진 예측성에 대한 욕구와 음악적 정보를 조직화하고 인지하고자 하는 욕구를 충족시켜 주므로, 조직화된 박자 개념은 안정적인 음악 감상 경험에서 절대적이다(Lundin, 1967). 박자는 시간성을 의식하면서 박들을 특정 개수 단위로 묶어서 조직화하여 리듬의 에너지 수준을 통제하는 기능을 한다. 박자는 박들을 하나의 단위로 조직화하는데 주로 세 박씩 묶이면 3박 계열의 박자, 두 박 또는 네 박씩 묶이면 2박 계열의 박자가 된다([그림 2-6] 참조). 박자감은 음악을 조직화하려는 감상자의 인지적 기제를 충족시켜 주는데, 여기서 인지적 기제의 충족이란 정신적 차원을 넘어 본능적·생리적·운동적 차원에서의 만족감을 의미한다. 그러므로 음악이 일관성 있는 박자감을 지니는 것은 매우 중요하다.

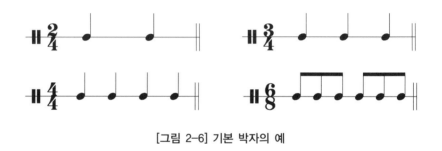

[그림 2-6] 기본 박자의 예

7) 악센트

악센트(accent)는 특정한 박에 차별화된 세기를 주어 의미를 부여하는 음악적 행위이다. 배경 리듬을 부각시켜 주는 악센트는 보편적으로는 4/4박인 경우 강-약-중간-약과 같이 첫째 박과 셋째 박에 주어지고, 3/4박자의 경우는 강-약-약으로 첫째 박에 악센트를 준다. 쇼팽(Chopin)의 〈화려한 왈츠(Valse Brillante)〉처럼 각 마디의 강박에 주어지는 악센트는 박자의 흐름을 더욱 명료하게 한다(〈악보 2-6〉 참조).

반면, 강박이 아닌 엇박에 악센트를 주면, 전형적인 센박 여린박의 순서를 이탈시켜 멜로디의 흐름에 변화를 준다. 이것을 당김음(syncopation)이라고 하는데, 당김음은 전경 리듬의 다양성을 이끌어 내는 역할을 한다. 슈베르트

〈악보 2-6〉 강박 악센트의 예: 쇼팽의 〈화려한 왈츠〉

(Schubert)의 〈즉흥곡 90-2(Impromptu Op. 90, No. 2)〉 중간 부분처럼 악센트를 엇박에 줄 경우, 규칙성을 탈피하여 추동을 유도하는 기능을 하게 되는 것이다(〈악보 2-7〉 참조).

〈악보 2-7〉 엇박 악센트의 예: 슈베르트의 〈즉흥곡 90-2〉

악센트는 음악에서 일종의 조미료(spice) 역할을 한다. 음악에 생동감을 불어넣어 주는 악센트 없이 보편적인 박자감만 있다면 매우 심심한 음악이

될 것이다. 예를 들어, 춤곡에서 악센트는 몸의 동작을 자극하고 신체적 동조화(entrainment)를 유도하는 데 기여한다. 여기서 신체적 동조화는 감상자의 기존 에너지를 음악적 수준으로 상승시키는 것을 말한다.

Summary

- 공기의 진동인 소리가 뇌에서 처리되는 과정은 크게 3단계로 나뉘며, 각 과정에 따라 물리적 · 감각적 · 지각/인지적 용어로 지칭된다.
- 리듬은 음악을 시간적으로 조직화한다. 리듬을 구성하는 세부 요소에는 배경 리듬, 전경 리듬, 템포, 박자, 악센트 등이 있으며, 이들은 음악 감상자의 에너지 상태에 변화를 주며 동적 반응을 유도한다.
- 리듬 구성에서 기본 틀로 작용하는 배경 리듬은 규칙적인 박의 시간적 나열로 구성되며, 이는 인간의 심장박동과 유사하여 평정 상태를 유도한다.
- 배경 리듬과 달리 전경 리듬은 박의 시간적 나열이 규칙적이지 않으므로 비예측적이고 충동적인 에너지를 유도한다.
- 박자는 리듬 전개를 구조화하는 기능을 해 주며, 음악적 전개에 대한 이해를 도움으로써 인간의 인지적 충족감을 제공해 준다.
- 악센트는 제시된 박에 따라 배경 리듬 또는 전경 리듬을 지지할 수 있다.

[감상해 보기]

쇼스타코비치(Shostakovich)의 〈Jazz Suite No. 2〉

　이 곡을 들으면 어떤 느낌이 드는가? 먼저 명료한 박자감이 느껴질 것이다. 3박씩 그룹핑되어서 제시되는 박자감은 소리를 조직화하려고 하는 인간의 인지적 욕구와 이에 대한 보상감을 충족시켜 준다. 그다음 빠르기를 들어 보자. 빠르기는 연주자에 따라서 60~80bpm으로 연주될 수 있다. 진정되는 효과보다는 약간의 각성 효과를 볼 수 있다. 세 번째로는 전체 리듬 구조를 구성하는 세부 리듬 꼴이 들릴 것이다. 부점은 없고 주로 2분 음표와 4분 음표의 배열로 리듬이 전개된다. 마지막으로, 악센트의 역할을 살펴보면, 이 곡은 강세를 정박에 제시하여 곡의 리듬 구조를 명료하게 하고 있다. 이러한 일관적인 강세는 춤곡으로서 신체 동조화를 유도하는 데 적합하다고 볼 수 있다.

제3장

조성의 치료적 기능

앞 장에서 우리는 리듬을 구성하는 세부 요소를 살펴보았다. 리듬을 먼저 이해한 다음에 조성적 요소를 다루어야 하는데, 그 이유는 리듬이 인간의 에너지를 관장한다면 조성은 그 에너지가 어떤 정서가(valence)로 구성되었는지를 다루기 때문이다. 즉, 각성이 고조될 때 그 이유가 즐거운 흥분감인지, 분노감인지, 아니면 무거운 슬픔인지 등을 결정하는 것은 조성적 요소다. 이 장에서는 리듬이 아닌 음의 고저, 음의 체계와 전개 등 조성적 요소군으로 분류되는 개념들을 하나씩 살펴보고자 한다.

1. 음계와 선법

인간이 들을 수 있는 모든 주파수대의 음고들이 음악으로 활용되지는 않는다. 음악에서 사용되는 일정한 음만 '음계(scale)'에 표기하는데, 음계는 다양한 음고를 지닌 음들을 위계적 틀 위에 나열한 것을 말한다. 서양에서는 고대 그리스 시대부터 지금까지 온음계(diatonic scale)를 쓰고 있는데, 온음계는 총 7개의 음으로 구성되어 있고 이 음들은 위계적으로 나열되어 옥타브를 구성한다(〈악보 3-1〉 참조). 위계적으로 나열된 음 간의 거리 또는 간격을 음정(interval)이라고 한다. 한 옥타브는 5개의 온음과 2개의 반음으로 이루어져 있으며, 반음과 온음의 나열이 어떻게 나열되었느냐에 따라 장조 음계와 단조 음계가 결정된다. 반음계(chromatic scale)는 기존의 온음계에 5개의 음이 추가되어 12개의 음으로 구성된 것으로, 피아노 건반으로 설명하자면 흰건반과 검은건반이 차례대로 반음 간격으로 진행되는 것이다(〈악보 3-2〉 참조).

〈악보 3-1〉 온음계

〈악보 3-2〉 반음계

음계는 특히 민족적 특성을 지니는데 문화권마다 고유의 음계를 사용한다. 5음을 중심으로 사용하는 동양 음계(pentatonic scale)가 있는가 하면, 중동 음계(middle-eastern scale), 스페인 음계(spanish scale), 반음을 한 번 더 나눠서 쿼터음(quarter tone)을 사용하여 전체 24음(microtonal)으로 구성된 음계도 있다.

음계는 선율에 사용되는 음을 조직화하는 하나의 틀이다. 음계는 어떠한 음을 사용할지에 대한 규칙을 제공하여 곡의 조성적 배경이 되며, 선율은 그 위에 제시되는 조성적 전경이 된다. 그렇다면 음계와 선법은 어떻게 다를까? 음계가 말 그대로 음을 나열해 놓은 것이라면 선법은 이러한 음의 간격을 특정 규칙에 따라 정하여 나열한 것을 말한다.

　여러 가지 선법이 있는데 처음 시작 음을 기준으로 음의 나열이 달라지고 음의 간격(interval)에 따라 그 선법의 정체성이 정해진다. 이렇게 나열된 음들은 곡에 선법(mode)의 정서적 또는 감정적 속성을 부여한다(〈악보 3-3〉 참조). 장조의 경우 다음의 이오니안(Ionian) 선법에서 볼 수 있듯 '온음 온음 반음 온음 온음 온음 반음'의 나열이라면, 단조의 경우는 다음의 에올리안(Aeolian) 선법에서 볼 수 있듯이 '온음 반음 온음 온음 반음 온음 온음'으로 전개된다. 선법에 따라 정해지는 장조와 단조는 전혀 다른 정서적 반응을 유도하는데, 흔히 단조는 약간 구슬프고 서정적인 정서를, 장조는 밝고 상승하는 정서를 지녔다고 평가받는다. 이후 두 음계는 차별화된 음계로 독립하

〈악보 3-3〉 다양한 선법

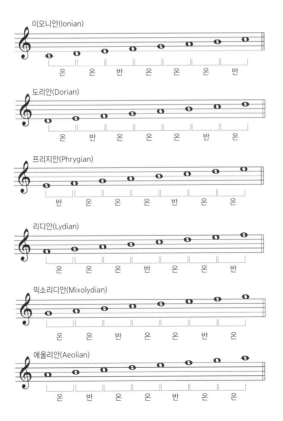

면서 이오니안 선법은 장조 음계로, 에올리안 선법은 단조 음계로 불리게 되었다.

2. 조성

조성(tonality)은 맥락에 따라서 다양한 의미로 활용된다. 많은 경우 음계와 혼용되기도 하나 조성은 그 음악을 구성하는 음계의 중심음(key center)이 어디 있느냐에 따라 정해진다. 그러므로 조성을 파악하려면 곡의 음계와 그 음계가 어떤 음에 기초하여 형성되는지를 살펴봐야 한다. 그렇다면 왜 음악의 치료적 측면을 이야기할 때 조성이 거론되는 것일까? 그 이유는 음악 감상을 할 때 사람들이 음악의 시작과 끝 등의 음악적 구조와 전개를 예측하려는 경향이 있기 때문이다(〈악보 3-4〉 참조).

〈악보 3-4〉 음계의 구성

음계를 구성하는 음들에는 위계적 숫자가 부여된다. 이 숫자는 음계 안에서 각 음의 의미와 중요성을 상징한다. 음계를 구성하는 음에서 가장 중요한 것은 으뜸음으로, 음악의 '중심음'이자 핵심이다. 예를 들어, 동요 〈학교 종〉의 도, 레, 미, 파, 솔, 라, 시, 도로 구성된 다장조 음계 중 선별된 음(솔솔라라 솔솔미 등)으로 만들어진 노래다. 이 노래를 감상하거나 부를 때 사람들은 음계의 중심음인 '도'가 들어가는 I도(으뜸) 화음에서 시작하여 결국 I도 화음으로 끝맺기를 기대한다.

음악에서 조성은 중력과도 같은 중심 역할을 한다. 음악이 전개되는 동안 마치 중력에 끌리듯이 중심음을 의식하게 되고, 결국에는 I도(root chord) 화음으로 돌아가서 음악이 마무리된다. IV도(버금딸림), V도(딸림) 등 다양한 화음이 진행되다가도 결국 마지막에 I도 화음으로 끝나는데, 이러한 화음 진행을 이론적으로 정립한 것이 종지형(終止形, cadence)이다.

그렇다면 조성이 없는 음악과 조성이 있는 음악은 어떻게 다를까? 인간이 가진 인지적 성향은 음악이 아무리 복잡하더라도 그에 대한 이해와 예측성을 구축하려고 한다. 인간은 각자 음악적 경험을 통해 앞으로 전개될 선율과 화성에 대한 기대감을 학습하는데, 이 학습된 기억을 토대로 기대 심리가 발달한다.

음악에서 조성이 중요한 또 하나의 이유는, 조성적 종지(cadence)가 인간의 회귀 본능을 충족시켜 주기 때문이다. I도에서 시작해서 I도로 마무리 짓는 것은 마치 원점으로 돌아오고자 하는 회귀 본능을 반영한다고 볼 수 있다. 이러한 맥락에서 I도를 'root(뿌리) 코드'라고 부르는 것일 수 있겠다.

3. 선율

선율은 영어로 멜로디(melody)를 일컫는 우리나라 단어다. 원래 멜로디의 어원인 'melodia'는 '노래하다'라는 뜻을 지니고 있다. 선율을 정의하는 두 가지 조건이 있는데, 하나는 조성적 공간 안에서 이동하는 것이고, 또 다른 하나는 방향성을 지닌다는 것이다(Aldridge & Aldridge, 2009). 선율은 기본적인 리듬적 구조에 음고가 추가된 조성적 전개를 의미하며, 시간적(음가) 차원과 공간적(음고) 차원에서 존재하고, 종적 및 횡적 전개로 이어진다. 리듬에서 박과 박자가 하위 구성 요소이듯, 조성에서는 선율, 선법, 화음 등이 하위 구성 요소다.

선율은 그 구성과 진행에 있어 두 가지 방향성을 지닌다. 선율은 특정 조성적 구조 안에서 형성되는데, 여기에는 끊임없이 변형하고자 하는 동기와 명료함과 규율을 의식하고자 하는 동기가 동시에 존재한다(〈악보 3-5〉 참조). 시간적 예술로서 선율은 다양한 음고 내에서 조성적 규율을 의식하면서 진행된다고 할 수 있다.

〈악보 3-5〉 베토벤(Beethoven)의 〈환희의 송가(An die Freude)〉의 일부분

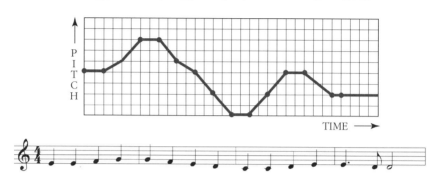

그렇다면 선율은 인간의 심리에 어떻게 작용할까? 리듬이 인간의 에너지를 다룬다면, 선율은 인간의 감정을 다룬다. 선율의 다양한 특징을 인간의 감정과 관련지어 설명할 수 있는데, 이때 선율의 폭이나 전개가 주된 역할을 한다. 선율의 폭이 좁다는 것은 선율을 구성하는 음의 전개가 대개 순차적이라는 의미이며(〈악보 3-6〉 참조), 반대로 선율의 폭이 넓다는 것은 음의 전개가 도약적이라는 의미다(〈악보 3-7〉 참조).

〈악보 3-6〉 순차적 진행의 예

〈악보 3-7〉 도약적 진행의 예: 포스터(Foster)의 〈스와니강(Swanee River)〉

선율이 진행되는 전개 폭(range)은 음악이 담아내는 감정의 깊이의 폭을 의미한다. 선율의 폭이 좁으면 그 선율이 담아내는 감정의 깊이나 범위가 좁다고 할 수 있으며, 선율의 폭이 넓으면 감정의 깊이나 범위도 넓다고 할 수 있다.

선율이 인간의 감정이나 정서와 관련이 있다는 것은 곧 선율이 인간의 정서 발달과도 관련이 있다는 것을 시사한다. 인간은 성장하면서 경험하는 감정의 깊이와 범위, 속성(결)이 변하기 때문에 성장 단계에 적합한 선율의 유형, 특성, 스타일도 다를 수밖에 없다. 즉, 연령에 따라 음악에서 느끼는 감정이나 정서에 한계가 있다. 그러므로 낮은 연령을 대상으로 하는 선율의 음역대 및 전개 폭과 높은 연령을 대상으로 하는 선율의 음역대 및 전개 폭에는 차이가 있다. 이러한 특성은 선율과 감정적 기능 간에 매우 깊은 관련이 있다는 것을 보여 준다.

선율의 발달적 측면을 잘 보여 주는 한 예로는 유아기에 부르는 동요 〈거미가 줄을 타고 올라갑니다(Itsy Bitsy Spider)〉가 있다. 〈거미가 줄을 타고 올라갑니다〉를 보면, 5도 음역 안에서 선율이 순차 진행을 하는 것을 볼 수 있는데, 발달적으로 볼 때 이 연령대의 감정 폭을 담아내기에 적합하다(〈악보 3-8〉 참조).

좀 더 높은 연령대에 속하는 초등학교 4학년 교과서에 나오는 동요 〈아기 염소〉의 경우, 음역은 6도이며 도약은 3도 이내로 비교적 순차 진행이어서 감정의 폭이 넓지 않다고 볼 수 있다. 하지만 가사 내용에 따른 조성(음계) 변화(A-B-A), 악센트, 엇박 등을 리드미컬하게 사용하여 염소의 발랄함과 재미를 잘 표현했다(〈악보 3-9〉 참조).

〈악보 3-8〉〈거미가 줄을 타고 올라갑니다〉

윤석중 작사, 미국 동요

거 미 가 줄 을 타 고 올 라 갑 니 다   비 가 - 오 면   끊 어 집 니 다

햇 님 이 다 시 솟 아 오 르 면   거 미 가 줄 을 타 고 올 라 갑 니 다

〈악보 3-9〉〈아기 염소〉

이해별 작사, 이순형 작곡

파 란 하 늘 파 란 하 늘 꿈 이 드 리 운 푸 른 언 덕 에

아 기 염 소 여 럿 이 풀 을 뜯 고 놀 아 요 해 처 럼 밝 은 얼 굴 로

빗 방 울 이 뚝 뚝 뚝 뚝 떨 어 지 는 날 에 는 잔 뜩 찡 그 린 얼 굴 로

엄 마 찾 아 음 - 메 아 빠 찾 아 음 - 메 울 상 을 짓 다 가

해 가 반 짝 곱 게 피 어 나 면 너 무 나 기 다 렸 나 봐

폴 짝 폴 짝 콩 콩 콩 흔 들 흔 들 콩 콩 콩 신 나 는 아 기 염 소 들

초등학교 5학년 음악 교과서에 나오는 〈바닷가에서〉는 음역이 한 옥타브까지 확장되었고, 전개 역시 도약적이며, 앞에 소개한 노래들과는 달리 전반적인 분위기가 매우 정서적이다(〈악보 3-10〉 참조).

〈악보 3-10〉 〈바닷가에서〉

장수철 작사, 이계석 작곡

마지막으로, 〈오버 더 레인보우(Over the Rainbow)〉를 보면 훨씬 더 확장된 음역과 폭넓은 음의 도약을 볼 수 있다. 이렇게 음역이 큰 곡의 경우에는 선율이 도약 진행과 순차 진행을 교대로 시도하는데, 첫마디에 낮은 도(C)에서 높은 도(C)까지 8도 음역이 제시되고, 이후 그 사이를 메우는 음들을 제시하여 '비움-채움(gap-fill)'이 교대로 일어나는 것을 볼 수 있다. 이러한 선율의 전개는 도약이 커도 이후 선율적 공간이 채워지기 때문에 감상자에게 균형감을 느끼게 해 준다. 도약적인 음의 전개로 인해 확장된 선율의 폭을 이후 음들이 순차 진행하면서 채워 주어 음악에 안정감을 줄 수 있다. 반면, 유아를 대상으로 한 동요는 음역이 좁아서 이러한 현상을 보기 어렵다(〈악보 3-11〉 참조).

〈악보 3-11〉〈오버 더 레인보우〉

E. Y. Harburg 작사, Harold Arlen 작곡

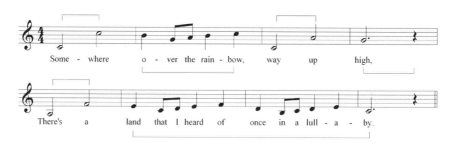

4. 화음

화음은 높이가 다른 2개 이상의 음이 (수직적으로) 동시에 진행되는 것을 말한다([그림 3-1] 참조). 음악 안에서 화음은 선율이 표현하고자 하는 감정을 지지하거나, 그 감정이 담아내고 있는 전체적 맥락(context)을 설정한다. 크게 협화음과 불협화음으로 나눌 수 있는데, 협화음은 감상자로 하여금 정서적 이완과 감정적 조화를 도모하도록 하는 반면, 불협화음은 멜로디에 담긴 감정의 흐름 때문에 긴장감을 느끼게 한다.

a. 협화음

b. 불협화음

[그림 3-1] 화음의 구성

　　선율의 전개와 동시에 화음도 이에 따라 지속해서 나열되는 것, 즉 수평적으로 전개되는 것을 화음 전개라고 한다. 화음 전개는 선율에 따라 그 구성 패턴이 바뀌는데, 한 예로 다음 악보의 경우 솔, 라, 솔, 솔, 도에 따라 각각 화음이 제공된 것을 볼 수 있다(〈악보 3-12〉 참조). 화음 전개는 선율이 담고 있는 감정의 전달력과 관련이 있다.

　　앞에서 이야기했듯이 화음은 선율에 담긴 감정을 지지 및 전달해 주는 기능을 하는데, 활발한(active) 화음 전개는 선율에 담긴 감정을 활발하게 전달하지만, 화음 전개가 최소한의 수준에 머물면 감정의 전달도 매우 소극적으로 이루어지게 된다. 이것은 선율이 아무리 감정적이라 하더라도 화음 전개를 통한 선율 지지가 부족하다면 선율에 담긴 감정의 전달력이 낮을 수 있음을 의미한다.

〈악보 3-12〉 화음의 전개

　　〈악보 3-13〉은 화음 전개의 수준을 단계적으로 보여 주는 예다. 악보 a는 가장 최소한의 화음 전개를 띠며 주 3화음(I, IV, V도)만을 사용하였고, 악보 b는 a보다는 조금 더 활발한 화음 전개를 띠며 총 5개의 화음을 사용하였다. 이 두 예시를 통해 화음 구성에 따라 표현되는 선율에 담긴 감정의 흐름이 화음의 활동 수준으로 인해 다르다는 것을 느낄 수 있다. 즉, 화음의 활동 수준이 선율에 담긴 감정의 전달 수준을 정한다고도 할 수 있다.

　　정리하면 선율은 감정을 다루는데, 화음은 선율을 지지하는 역할을 하므로, 결국 화음 또한 감정성(emotionality)과 관련이 높다고 할 수 있다. 감정

〈악보 3-13〉〈섬집아기〉의 화음 전개

이홍렬 작곡

a. 주 3화음을 사용한 〈섬집아기〉

b. 5화음을 사용한 〈섬집아기〉

(e-motion)은 밖으로(e-) 표출되고자 하는 동적 상태에(-motion) 있는 에너지의 한 형태다. 음악에서 감상자가 경험하는 감정의 강도는 화음 전개의 적극성과 관련이 있다고 할 수 있다. 화음이 활발하게 전개되는 음악은 그만큼 선율에 실린 감정의 흐름과 전달을 촉진하는 반면, 그렇지 않은 화음 전개는 감정의 흐름보다는 기존 감정 상태(status quo)를 지지하고 유지하게 하기 때문이다. 이처럼 화음은 그 음악의 '감정성'에 많은 영향을 미친다. 만약 이 두 가지 수준의 다른 화음의 활동 수준을 정리한다면 〈표 3-1〉과 같다.

〈표 3-1〉 화음의 활동 수준

화음의 활동 수준	예시	방향성	비고
낮음: 간헐적이며 소극적인 화음 변화		⌐⌐⌐	감정의 머무름 (holding)
높음: 선율 전개에 밀착된 적극적인 화음 변화		〰〰➘	감정의 동적 흐름 (flow)

Summary

• 음악의 조성적 요소에는 음계, 선율, 선법, 화음 등이 있으며, 음악이 담아내는 감정의 내용, 깊이, 변화와 관련된다.

• 음계는 음악에서 사용되는 일정한 음들만 위계적 틀 위에 나열한 것이고, 선법은 이러한 음의 간격을 특정 규칙에 따라 정하여 나열한 것으로 정서적 또는 감정적 속성과 관련된다.

• 인간에게는 회귀 본능을 충족하고자 하는 경향과, 음악적 구조와 전개를 예측하려는 경향이 있다. 음악에서 충족하고자 하는 인간의 인지적 · 심리적 성향에 근거하여 조성적 요소들을 치료적으로 활용할 수 있다.

• 선율의 폭과 전개는 그 선율이 담아내는 감정의 깊이나 범위와 관련되며 인간의 감정을 다루는 주된 역할을 한다.

• 화음은 선율을 지지하며 화음의 활동 수준은 선율에 담긴 음악의 감정성에 많은 영향을 미친다.

[감상해 보기]

생상스(Saint-Saëns)의
〈동물의 사육제(Le Carnaval des Animaux)〉 중 백조

이 곡의 느낌이 어떤지 한번 살펴보자. 먼저 가장 크게 선법은 장조의 분위기로 긍정적인 정서가 지배적이며, 조성적으로는 명료한 '중심음'으로 인해 조성적 중심과 그에 따른 전개가 분명하다고 볼 수 있다. 선율 전개 및 폭을 살펴보면, 선율이 순차 진행하며, 자연스러운 상향 및 하향 전개가 교대로 이루어지면서 선율 전개의 폭을 확장해 나간다. 이와 맞물려 화음의 활동 수준이 주선율보다 훨씬 더 활동적이고 지속적으로 제시된다. 촘촘한 화음의 짜임새를 통해 물 아래 백조의 발 움직임을 묘사하고자 했을 수 있다. 이러한 조성적 요소군으로 제시된 곡의 전반적인 심리적 특징은 다음과 같다.

- 백조의 우아한 움직임이 레가토적으로 연결감 있게 제시되었으며, 수면 아래에서 헤엄치는 발의 동작은 반복되는 아르페지오 선율로 묘사되었다.
- 백조가 헤엄치는 동선을 선율 전개를 통해서 표현하였으며, 유연하게 이동하는 이미지를 떠올리게 한다.
- 선율의 안정적인 전개와 화음의 지지감으로 인해 '호수 위에 있는 백조'의 평온하고 서정적인 분위기가 느껴진다.

제4장

음악의 구조적 요소군의 치료적 기능

음악의 구조적 요소군은 음악을 구성하는 모티브와 악절, 악구 그리고 형식에 담긴 감정과 정서가 어떻게 전개되는지를 보여 준다. 그리고 다이내믹, 음색, 아티큘레이션 등은 음악의 정서를 더욱 효율적으로 전달하고 표현해 주는 요소들이다. 음악을 감정의 언어라고 부르는데, 그 이유는 바로 음악이 인간의 정서와 감정을 자극하고 표현할 수 있게 하는 매개체이기 때문이다. 시인이 단어를 나열해 시를 구성하고 기승전결을 전개해 나가듯이 음악가들도 음악의 구조와 흐름을 다양한 형식과 내용으로 구성한다. 시에서도 내용전달의 효율성을 위해 언어의 강약과 라임을 사용해서 표현하듯 음악에서도 다양한 표현적 개념이 존재한다. 이 장에서는 음악의 구조적 요소군으로 분류된 형식, 다이내믹, 음색을 자세히 살펴보겠다.

1. 형식

음악에는 다양한 형식이 있고 음악 형식은 음악 내 종적 관계성보다는 횡적 관계성에 더 의미를 둔다. 즉, 동시에 발생하는 소리 구조가 아니라 소리 전개가 어떠한 흐름으로 제시되는지에 의미를 둔다. 비유하자면 작게는 어떤 단어로, 어떤 구절로, 어떤 문장을 사용했는지, 큰 맥락에서는 스토리텔링의 기승전결과 비교할 수 있다. 리듬은 박의 길이와 구조에 따라 시간적으로 제시되면서 에너지 흐름을 조절해 주며, 선율은 주어진 시간적 구조 안에서 정서를 조성해 준다. 이렇게 리듬과 선율은 매우 조화롭게 협응하여 악절과 악구를 만들어 간다. 음악에서 형식은 리듬과 선율이 만들어 내는 음악적 이야기(musical story)가 어떻게 역동적으로 상호 작용하면서 전개되는지를 보여 준다.

1) 모티브

음악은 선율을 구성하는 다양한 크기의 음악적 아이디어로 구성되는데, 가장 작은 구성 요소가 모티브(motive)다. 모티브는 명료하면서도 간단한, 가장 작은 선율적 또는 리듬적 단위이며 계속해서 음악 속에 등장하는 음악적 아이디어다. 이러한 모티브가 이어지면서 악절이 되며, 악절은 여러 마디에서 전개된다.

대표적인 예로 요나손(Jonasson)의 〈뻐꾹 왈츠(Cuckoo Waltz)〉의 경우 뻐꾹새의 소리인 '뻐꾹(♩♩)'이 이 왈츠의 대표적인 모티브다.

〈악보 4-1〉 요나손의 〈뻐꾹 왈츠〉

또 다른 서양 음악으로 모차르트(Mozart)의 〈교향곡 40번(Symphony No. 40, K. 550)〉 1악장을 예로 들 수 있는데, 여기 사용된 모티브는 2개의 8분 음표와 1개의 4분 음표(♫♩)로 구성된 것으로, 주선율을 이루는 데 필요한 기

본 리듬꼴이라고 할 수 있다(〈악보 4-2〉 참조). 〈악보 4-2〉에 표시된 해당
모티브는 1악장의 시작부터 끝까지 반복 등장하거나 약간씩 변주되어 제시
된다.

〈악보 4-2〉 모티브 중심의 전개

2) 악절

   가장 작은 음악적 단위인 모티브가 모여 한 단계 상위 단위인 악절을 이루
는데, 이는 한 단계 확장된 음악적 아이디어라고 할 수 있다. 악절은 반복이
나 대립, 교대 등의 형태로 제시되면서 전개된다. 특정 악절이 동일하게 또
는 약간 변형되어 반복 제시되거나 상향 전개와 하향 전개와 같은 대립 구도
에서 제시되기도 한다. 교대는 아예 새로운 몇 개의 악절이 약간 변형되면서
교대로 제시되어 여러 개의 주제로 음악이 전개된다.

   모차르트의 〈교향곡 40번〉에서도 상향, 하향의 악절 전개를 볼 수 있다.
a와 b에 이어 반복되는 악절은 음정만 한 단계 낮추어서 동일한 흐름으로
a′ 그리고 b′로 제시된다.

   다음 바흐(Bach)의 〈미뉴에트(Minuet)〉를 예로 들어 보자(〈악보 4-3〉 참
조). 우선 악보의 첫 번째 줄에서는 하나의 악절(a)이 뒤이어 반복하여 제시
(a′)되지만, 음정은 상향 조정된 것을 볼 수 있다. 악보의 두 번째 줄에서는
악구(b)가 반복되며 한 음씩 하향 조정되었다(b′). 또한 전개상 'a'와 'b'가 대
립적 구도(상향 vs. 하향)를 보이는 것을 확인할 수 있다.

〈악보 4-3〉 악절 중심의 전개: 바흐의 〈미뉴에트〉

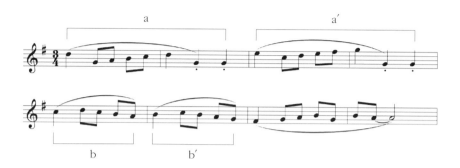

브람스(Brahms)의 〈교향곡 3번(Symphony No. 3, Op. 90)〉 3악장의 선율은 a와 b의 대화하기(dialogue) 형식으로 주고받으면서 전개된다(〈악보 4-4〉 참조). a의 메기기와 b의 받기 형식을 통해 이 곡의 주선율을 구성한다.

〈악보 4-4〉 대화하기 형식

이러한 형식은 음악 안에서 선율이 정서를 표현하고 전하는 전략과 관련이 있다. 선율의 의도와 역할을 다양한 음고 구성과 상호 작용을 통해 전달하기 때문에 감상자는 음악의 정서를 더욱 명료하게 전달받을 수 있게 된다.

3) 론도

론도(rondo)는 기존의 주제와 새로운 주제를 교대로 제시하면서 친숙함과 새로움을 균형감 있게 제시하는 형식을 말한다. '도'는 '돌아오다'라는 의미로, 주선율인 메인 주제(A)가 교대로 돌아오는 것을 가리킨다. 먼저 간단히 예를 보면, 〈악보 4-5〉는 A-B-A 구조의 형식을 띤다.

〈악보 4-5〉 A-B-A 구조의 예: 〈옹달샘(Drunten im Unterland)〉

독일 민요

　론도의 또 다른 예를 들면, 베토벤의 〈엘리제를 위하여(Für Elise)〉는 A에서 시작하여 B 주제로 갔다가, 다시 A 주제로 돌아온 후 새로운 주제인 C로 전개되고, 다시 A 주제로 돌아온다. 이러한 전개를 A-B-A-C-A라고 한다(〈악보 4-6〉 참조).

〈악보 4-6〉 A-B-A-C-A 구조의 예: 베토벤의 〈엘리제를 위하여〉

4) 변주곡

변주곡(variation)은 주선율이 계속 변주되면서 제시되는 형식을 의미한
다. 첫 주제가 매번 다르게 제시되므로 익숙함과 새로움이 균형을 이루면
서 진행된다. 동시에 새로운 변주로 인해 음악적 신선함이 지속적으로 제
공된다. 대표적으로는 모차르트의 〈작은별 변주곡(12 Variationen über ein
französisches Lied "Ah, vous dirai-je, maman")〉(〈악보 4-7〉 참조)이나 하이든
(Haydn)의 〈놀람 교향곡(Symphony No. 94)〉, 브리튼(Britten)의 〈청소년들을
위한 오케스트라(The Young Person's Guide to the Orchestra)〉 등이 있다.

〈악보 4-7〉 변주곡 형식의 예: 모차르트의 〈작은별 변주곡〉

Theme

Var. 1.

Var. 2.

Var. 3.

Var. 4.

2. 음조직

음조직(texture)은 여러 가지 소리가 어우러지면서 동시에 여러 선율이 제시되는 것을 말한다. 조직, 즉 'texture'는 의류 분야에서 사용하는 의미와 마찬가지로 음악에서도 음악을 구성하는 음조직이 얼마나 촘촘한지 혹은 느슨한지의 밀도를 의미한다. 예를 들어, 의류에 울처럼 굵은 조직의 옷감이 있는가 하면 실크처럼 얇은 실을 촘촘히 짜서 만든 옷감도 있듯이 음악도 그렇다. 음악에서도 선율 라인과 이를 지지하는 성부(voicing)들의 짜임새가 다양하다. 음 구조와 음조직은 음악을 구성하는 선율의 수에 따라 그 두께와 질이 결정된다.

먼저 모노포니(monophony)는 하나의 선율로만 구성된 음조직으로, 〈표 4-1〉의 악보처럼 매우 단조롭고 간단하다.

〈표 4-1〉 모노포니의 예

모노포니	하나의 선율

호모포니(homophony)는 '동질'이라는 뜻을 지닌다. 하나의 선율 위에 다른 선율이 추가되지만 추가되는 선율은 하나의 주선율을 지지하는 구도다. 〈표 4-2〉의 예에서 보듯이 가장 위에 있는 보이스 라인이 주선율이고, 동시에 연주되는 음들은 코드로 제시되면서 주선율을 지지한다.

〈표 4-2〉 호모포니의 예

호모포니	모두 하나의 선율을 지지함

　　마지막으로, 폴리포니(polyphony)는 여러 성부로 구성된 음조직을 말한다. 폴리포니에서는 각 선율 모두가 동일한 무게감과 중요도를 가진다. 4성부가 아니라도 여러 선율이 상호 작용하는 경우도 있는데, 〈표 4-3〉의 예를 보면 2개의 주선율이 서로 상호 작용하면서 제시된 것을 볼 수 있다.

〈표 4-3〉 폴리포니의 예

폴리포니	하나 이상의 선율

　　그렇다면 이러한 음조직은 감상자에게 어떠한 정서를 유발할까? 앞에서 이야기했듯이 선율은 음악에 담긴 감정이다. 따라서 하나의 선율만 제시하는 것보다 여러 성부가 선율을 지지해 주면서 상호 작용한다면 더욱 충만한 느낌을 줄 수 있다. 즉, 모노포니가 '혼자'라는 느낌을 준다면 호모포니는 지지받는 느낌을 준다. 더 나아가 폴리포니는 특정 감정을 노래하는 선율이 서로 대화하는 듯하여 더욱 상호 교류적이고 활동적인 느낌을 줄 수 있다.

3. 표현적 요소군

1) 아티큘레이션

아티큘레이션(articulation)은 표현의 묘미를 더해 주기 때문에 음악에서 매우 중요하다. 크게 스타카토, 레가토, 페르마타, 루바토 등이 있는데 여기서는 가장 흔한 스타카토와 레가토를 다루겠다. 스타카토는 음을 짧게 각각 분리해서 연주하는 기술이라면 레가토는 음을 모두 연결해서 연주하는 것을 의미한다. 그렇다면 이 아티큘레이션이 인간의 심리적 반응에서 왜 중요할까? 바로 소리가 가진 청각적 심상 때문이다. 음악은 청각적 소리의 형태이지만, 표현하고자 하는 시각적 이미지의 시간성과 공간성을 청각적으로 묘사해 주는 경우가 많다.

가장 쉬운 예로는 통통 튀는 움직임에는 스타카토를, 느린 움직임에는 레가토를 활용하여 시각적 역동감을 표현할 수 있다. 또는 경쾌한 에너지의 빠른 움직임은 스타카토와 연결되지만, 차분한 움직임과 연결되는 동작에는 레가토가 더 표현적일 수 있다. 한 예로, 생상스는 〈동물의 사육제〉에서 캥거루의 통통 튀는 모습을 스타카토와 꾸밈음으로 제시하여 동적인 이미지의 시각적 심상을 매우 효과적으로 불러왔다([그림 4-1] 참조). 캥거루의 뛰는 모습을 묘사하기 위해 공간적 높이를 음고로 처리하고 뛰어오르는 이미지를 스타카토로 처리한 아티큘레이션의 효과를 느낄 수 있다.

[그림 4-1] 생상스의 〈동물의 사육제〉 중 캥거루

2) 다이내믹

다이내믹(dynamic)이라고 불리는 음악적 개념은 음향적으로 소리의 강도와 크기를 말한다. 즉, 강도는 소리가 만든 진동의 힘을 말하고 물리적 속성은 진폭(amplitude)이라고 하며, 측정 단위로는 데시벨(decibel)을 사용한다. 음악에서 다이내믹은 소리의 세기(음량)를 말하며, 〈표 4-4〉와 같은 세기말들이 악보에 함께 제시된다. 작곡자의 의도에 따라 연주 강도를 제시하는데 연주자는 이를 참고해서 음악을 연주한다.

〈표 4-4〉 다이내믹의 세기말

세기말 약자	세기말	의미
pp	Pianissimo	매우 작게
P	Piano	작게
mp	Mezzo Piano	보통 작게
mf	Mezzo Forte	조금 세게
F	Forte	크게
ff	Fortissimo	매우 크게
◁	Crescendo	점점 크게
▷	Decrescendo	점점 작게

심리적 측면에서 다이내믹은 음악을 통해 표현되는 '감정의 강도'를 의미한다. 구체적으로 다이내믹은 그 음악이 담고 있는 감정과 이를 표현하고자 하는 의지를 상징한다. 음악을 조용하게 낮은 강도로 연주할 때와 높은 강도로 크게 연주할 때, 음악의 강도가 바로 그 표현하고자 하는 감정의 강도, 세기, 크기가 된다. 예를 들면, 분노를 경험했을 때 연주하는 음악의 강도는 평정심을 경험할 때 연주하는 음악의 강도와 다를 수밖에 없다. 이처럼 강도는 감상자 또는 연주자가 경험하는 감정의 강도와 크기를 음향적으로 표출해 내는 역할을 한다. 역으로, 감상 시에도 감상자가 음악의 볼륨을 높여서 크게 듣는다면 감상자에게 내재된 감정의 강도가 높다는 의미다. 음악의 강도를 조절함으로써 감상자는 자신의 감정을 음악과 매칭하게 된다.

3) 음색

음색(timbre)은 말 그대로 소리의 색깔(tone color)과 질감(quality)을 의미한다. 음색은 소리가 산출되는 과정에서 어떻게 만들어졌는지에 따라 결정되기도 하고, 어떠한 강도와 음역에서 연주되는지에도 영향을 받는다. 음색의 종류는 크게 악기와 목소리로 분류되며, 악기 종류에 따라서도 세부적으로 음색이 분류된다. 악기는 타악기, 현악기, 관악기로 나누어진다.

타악기는 채를 사용해서 연주하는 다양한 북과 음정이 있는 자일로폰이나 베이스 톤바 또는 흔들어서 악기 안에 들어 있는 구슬이나 물체를 움직여서 소리를 내는 셰이커 종류 등을 포함한다. 관악기는 호흡의 흐름을 통해 소리가 생성되는 악기이며, 주로 마우스피스에 호흡을 불어넣고 그 공기가 악기의 몸통을 통해 밖으로 나가면서 소리를 만들어 낸다. 현악기는 당겨진 줄 위에 활을 마찰시켜서 소리를 생성한다.

이렇게 다양한 악기를 통해 만들어지는 소리는 연주 방법과 악기의 재질에 따라 모두 다른 음색을 지니고 있으며 감상자에게 다양한 반응을 불러일으킨다. 호흡을 통해서 소리를 내는 취주 악기(관악기)는 발산이나 해소의 심상을 경험하게 하며, 그러한 경험은 몸에 내재된 부정적 정서가 몸 밖으로 배출되는 듯한 기분을 느끼게 한다. 타악기는 채로 악기 본체를 두드려서 소리를 내는데, 이때 나오는 소리의 진동(resonance)과 울림은 인간의 마음을 치유하는 데 매우 큰 역할을 한다.

선 위에 활을 마찰시켜 연주하는 현악기 역시 매우 치유적인 음색을 가지고 있다. 현악기는 모든 음을 연결하여 연주하기 때문에 연속적으로 이어지는 느낌, 연결감(continuity) 등을 느낄 수 있다. 이러한 연결감은 현악기만이 가지고 있는 치유적 특징이다.

악기 외에 인간의 몸도 하나의 악기가 될 수 있고, 목소리도 악기의 음색이 될 수 있다. 목소리 음색은 성별, 나이, 성격에 따라 달라지는 것은 물론 모든 개인이 자신만의 독창적인 음색을 지니고 있다. 악기가 아닌 목소리로 부르는 노래는 가수의 목소리 음색이 감상자의 내면에 직접적이고도 강한 영향을 미치는데 이는 목소리 음색에 투사되는 감상자의 이슈가 다양하기 때문이다. 한 예로, 이성이 부르는 노래를 들으면 이성적 친밀감에 대한 대리 만족과 충족감을 얻는다. 이 외에도 정신역동적 시각에서 가수의 목소리에 감상자의 내재된 모성성과 부성성을 투사하고 관련된 심리적 이슈를 해소할 수 있다. 즉, 음악의 음색은 단순히 소리의 색깔만을 이야기하는 것이 아니라 이를 통해 연상되는 여러 가지 심리적 내용과 정서를 자극하고 다룬다.

Summary

- 음악의 구조적 요소에는 형식, 다이내믹, 음색 등이 있으며, 이들은 음악을 구성하는 내용에 대한 기대감, 예측성, 균형감과 같은 인지적 충족감과 안정감에 영향을 준다.
- 론도는 기존의 주제와 새로운 주제를 교대로 제시하면서 친숙함과 새로움을 균형감 있게 제시하는 형식이고, 변주곡은 주선율을 계속 변형하여 다시 제시하는 형식이다. 이러한 형식들은 심리적으로 익숙한 느낌과 신선한 느낌을 번갈아 또는 동시에 경험하게 함으로써 안정감, 예측성 등 긍정적인 정서를 유발한다.
- 선율의 수에 따라 음조직이 결정된다. 하나의 선율로 구성된 모노포니에 비해 호모포니와 폴리포니는 심리적인 지지감과 대화하는 듯한 느낌을 준다.
- 다이내믹은 음악을 통해 표현되는 '감정의 정도'와 이를 표현하고자 하는 의지를 상징한다.
- 타악기, 현악기, 관악기, 목소리 등 다양한 음색으로 연주된 음악은 악기 특성에 따라 감정의 발산이나 해소, 연결감 등 다양한 심리적 반응을 불러일으킨다.

[감상해 보기]

슈만(Schumann)의 〈난폭한 기수(Wild Horseman)〉

    제시된 곡의 형식을 살펴보자. 이 곡은 난폭한 기수가 말을 타는 모습을 묘사한 곡으로, 음악 요소 모두 동적인 장면을 표현한다. 먼저 악절 구성을 보면, 악절은 명료하게 A와 A′로 제시되었다. 박자는 말의 뛰는 모습(trot)을 3박 계열로 표현하였고, 엇박으로 제시된 코드 화음은 동적인 에너지를 표현한다. 음조직 또한 주선율을 지지하는 호모포니로 이루어져 있으며 선율에 담긴 경쾌한 정서를 명료하게 지지해 주는 것을 느낄 수 있다.

제5장

시대에 따른 인간관과 음악

음악은 세상에 출현한 이후 여러 시대를 거치는 동안 인간의 필요에 부응하며 발전해 왔다. 시대가 변화하면서 인간에 대한 관점과 인식이 달라졌으며 동시에 음악도 변해 왔다. 이 장에서는 시대에 따라 인간관과 음악이 어떻게 변하면서 상호 역동적으로 이어져 왔는지, 음악이 인간의 필요를 어떻게 충족시켜 왔는지 살펴보도록 하겠다.

1. 음악의 기원

현재 남아 있는 고대 음악에 관한 자료는 소수에 불과하지만, 그 가치는 참으로 크다. 수메르, 바빌로니아, 이집트 등 고대 문명과 관련된 자료에는 음악의 힘이 언급되어 있는데, 예를 들면 테베의 성벽은 음악의 힘으로 세워졌고, 여리고의 성벽은 음악 소리에 무너졌다고 한다. 다윗이 사울 왕의 우울을 치료하기 위해 수금을 연주했다는 기록이 있고, 예루살렘 성전에서는 레위 음악가들이 심벌즈와 칠현금, 하프를 들고 제단 동쪽에 들어섰으며, 이들과 함께 100여 명의 사제가 나팔을 불었다고 전해진다(Stolba, 1997). 이 외에도 하나님이 모세에게 명하여 헤브론 사람들이 기억해야 할 내용을 노래로 전하도록 지시하셨다고도 하며(〈신명기〉 31장 19절), 288명의 음악가가 능력과 치유를 위해 같이 일했다는 기록도 있다(〈역대상〉 25장 1~8절). 이렇듯 고대의 음악은 다양한 측면에서 매우 기능적이었고, 이러한 음악의 기능들은 지금까지도 계속 발전하면서 이어져 오고 있다.

음악의 기원을 살펴보면, 음악이 인간의 필요에 의해 만들어졌다는 것이 더욱 명확해진다. 음악의 기원설에는 크게 열두 가지가 있다. 우선 동물의 소리, 특히 짝짓기에서 유래되었다는 다윈의 이론과 새소리 모방에서 음악이 유래되었다는 이론이 있다. 언어적 상호 작용의 측면에서는 음악이 과장된 억양에서 유래되었다는 언어 억양설, 감정적 언어에서 유래되었다는 표현이론, 특정 거리를 두고 메시지를 전달하는 과정에서 유래되었다는 의사소통 이론이 있다.

네틀(Nettle) 역시 음악이 말소리에서부터 시작해서 크게 3단계를 거쳐서 발달했다고 보았다. 첫 번째 단계에서는 특정 음정이나 스트레스, 악센트, 장단고저를 통해 의사소통이 이뤄지더라도 음악이나 언어로 구분하기는 어려웠을 것이라고 하였다. 두 번째 단계에서 음악과 언어가 구별되고 모음과 자음이 체계화되었으며, 마지막 단계에서 음악이 여러 가지 다른 스타일로 나누어 발전했을 것이라고 하였다(Radocy & Boyle, 1997).

음악의 여러 기원설 중에 음악치료에서 가장 큰 무게를 두는 이론은 개스턴(Gaston) 이론이다. 개스턴은 원시 시대에 아이와 엄마가 심리적·정서적인 친밀감과 애정을 표현한 데서 음악이 기원했다고 보았다. 원시 사회에서 부족과 그 부족을 구성하는 가족이 있을 때, 아버지는 주로 사냥을 하고 어머니는 집에서 아이를 키운다. 이때 어머니는 아이를 양육하면서 아이에게 애정 표현을 언어 이외의 다른 형태로 했을 것이고, 그것이 음악으로 발전한 것이 자장가라고 하였다. 즉, 자장가가 최초의 음악이라는 것이다.

이 외에도 음악 사회학 측면에서 보면 부흐너(Buchner)의 이론과 나델

(Nadel)의 이론이 있다. 부흐너는 최고의 생산성과 작업 효율성을 위해 불렀던 노동요에서 음악이 비롯되었다고 보았고, 나델은 집단의식이나 행사에서 초자연적인 신들과 대화를 한 데서 유래했다고 하였다. 슬로보다(Sloboda) 역시 음악이 가진 사회적인 기능과 역할에 초점을 두었는데, 인간이 집단을 이루면서 집단의 응집력과 소속감을 위해 음악이 시작되었을 것이라고 하였다. 즉, 개인적인 감정 표현보다 부족의 정체성이나 부족 안에서 행해진 의식 등에 대한 필요성에서 음악이 유래했다는 것이다. 종교 음악, 노동요 등 특정 목적에 따라 발달한 음악은 공동체 삶과 집단을 이루고 고유의 문화적 정체성을 정립하는 데 분명 기여했을 것이다.

특히 노동요는 인간이 모여 살면서 생산성을 높이기 위해 만들어진 것으로, 어찌 보면 최초의 응집력 강화 음악이라고 볼 수 있다. 사실 노동요는 크게 두 가지의 목표에서 시작되었다. 하나는 작업에 필요한 집단적 힘을 모으고 동작을 구조화하여 생산성을 증진하기 위한 것으로, 구조화된 리듬의 노래를 부르면서 신체 움직임을 음악 리듬에 동조화했다. 또 다른 하나는 작업의 무료함과 피로를 분산시키기 위한 것으로, 보다 자유로운 리듬 패턴과 융통성 있는 빠르기를 지닌 음악을 사용했다(Hargreaves & North, 1997).

이렇듯 음악은 인간의 활동과 필요에 의해 유래되었다는 시각이 지배적이다. 결국 인간이 음악을 만들었으며 삶과 일상, 개인의 필요에 따라 음악을 활용한 것은 분명하다.

2. 원시 시대

음악은 선사 시대부터 인류와 종교, 사회생활에서 큰 부분을 차지하고 있었다. 기존 문헌에 의하면 원시 시대 음악은 치료적·종교적 목적을 위해, 즉 마술적인 힘을 위해 활용되었다. 'Music'의 어원은 예술과 시, 춤, 역사를 관장하는 9명의 그리스 여신인 'Musa'다. 문명의 시초부터 사람들은 음악이 마법의 힘을 가지고 있다고 믿었고, 종교 의식과 음악은 불가분의 관계에 놓여 있었다(Peters, 1987).

이 시대는 과학적 지식이 부족했으므로 몸이나 정신의 병이 생기면 신들의 노여움이나 주술적인 힘 때문이라고 믿었다. 그러므로 이러한 힘에서 해방되려면 초자연적인 대상이 치료를 해 주어야 한다고 믿었다. 실제로 여러 민족의 문화적 배경에는 무당(샤먼)이나 마녀 의사(witch doctor) 등 종교와 치료, 음악적 행위를 하는 존재가 공통적으로 있었다. 이때 음악은 하나의 치료적 도구였고, 그 당시 음악가는 곧 의료 행위자이자 종교인이었다.

음악치료의 역사적 측면에서 볼 때, 이러한 마술적 목적으로 음악이 어떻게 사용되었는지 주의 깊게 볼 필요가 있다. 음악은 영이나 혼을 주술로 조정하는 데 활용됐는데, 이를 위해 주로 북과 뼈로 만든 피리, 뿔로 만든 호른과 같은 악기를 사용했다. 먼저 북으로 의식의 시작을 알리고 나면 무당이 신들과 접촉을 시도하는데, 무당이 음악과 말, 찬팅(chanting)을 통해서 무아지경과 같이 전치된 의식 상태에 도달하면 위기가 해결되고 병이 치유된다고 보았다. 일례로, 미국의 인디언들은 아픈 사람을 위해 특별한 노래를 불렀고, 치유 의식은 노래를 통해 치러졌다. 이들은 필요에 따라 초자연적인 대상과 교류하거나 다른 의식 세계로 여행했으며, 동시에 음악을 통해 주술적 힘을 이길 방법을 고안해 냈다.

한편, 무속 신앙적 시각과는 대조적으로 건강과 질병에 대한 보다 이성적인 시각도 있었는데, 그것은 음악이 몸과 마음, 정신의 균형을 복원하는 데 매우 중요한 영향을 미친다는 시각이었다. 고대 중국에서는 선법과 선율, 음정이 우주를 상징한다고 믿었으며 이러한 상징성을 기반으로 연주나 경극의 주요 요소로 사용했다(Apel, 1972). 고대 인도에서도 신체적 · 신비적 상태에 이르기 위해서 우주와 하나가 되는 특별 의식을 행했는데, 이때 베다 찬트(Veda Chant)를 사용했다. 찬트는 집중해서 매우 정확한 음정으로 불러야 했는데, 그 이유는 음정이 불안하면 몸과 마음, 정신의 균형감을 상실하기 때문이었다. 이 외에도 인도의 라가(raga) 선법은 의학적인 수단뿐 아니라 정신

건강을 유지하기 위한 예방 차원으로도 활용되었다. 라가 선법은 매우 다양
한 형태가 있는데, 특정 기분이나 심리적 상태 또는 기질을 조율하는 데 효
과적이라고 믿었다. 라가 선법은 상황과 시간에 따라 선택되었고 평화, 고요
같은 이완적인 정서에서부터 사랑, 흥겨움, 슬픔, 분노, 용기, 공포, 좌절 같
은 다양한 감정까지 필요에 따라 선택적으로 활용되었다. 이러한 역사적 근
거는 음악이 인간의 정서 및 정신적 필요에 따라 지속적으로 연구되고 개발
되어 왔다는 사실을 보여 준다(〈악보 5-1〉 참조).

〈악보 5-1〉 인도의 라가 선법

3. 고대 그리스 시대

그리스의 신 아폴로(Apollo)는 음악과 의학의 신이었다. 바로 이 점은 음악과 의학을 접목할 하나의 명분이 될 수도 있다. 고대 그리스 시대에는 내적 불균형이나 부조화 때문에 인간이 질병에 걸린다고 믿었다. 이에 음악은 윤리적 힘을 가졌을 뿐만 아니라 내적 불균형과 부조화를 복원하는 데 사용할 수 있다고 하였다(Tyson, 1981).

고대 그리스의 『도덕론(Doctrine of Ethos)』에서는 음악이 자연의 섭리로 만들어진 하나의 체계이며, 인간의 의지와 성격, 행동을 모두 수정할 힘을 가지고 있다고 하였다(Grout, 1973). 그리스 용어로 'Ethos'는 두 가지 뜻이 있는데, 하나는 윤리와 관련된 사람들의 도덕성을 말하며 또 다른 의미는 인성과 인격에 영향을 주는 특정한 음악적 구조를 일컫는다.

그리스 시대의 철학자들은 음악의 힘과 영향력에 대한 신뢰가 매우 강했으며, 그래서 인간의 사고와 행동에서 선곡이 매우 중요하다고 보았다. 플라톤(Platon)은 『국가론(The Republic)』에서 '유토피아(utopia)'에 대해 논하면서, 음악은 조화로운 인성과 고요한 열정을 형성하게 하고 운동은 건강한 신체의 형성을 돕는다고 하였다. 또한 음악은 인류의 생득적 달란트로, 적절한 긴장감을 주고 이를 다시 이완시켜서 정신과 마음을 조화롭게 한다고 하였다(Stolba, 1998). 아리스토텔레스(Aristotles)는 『정치학(Politika)』에서 음악이 여가 선용뿐 아니라 도덕적 측면에서 성격 형성, 생활 방식에 특정한 영향력을 준다면서, 구체적으로 노래 가사는 사람을 침착하게 하고 이성을 강하게 할 수 있지만 찬양곡은 사람을 격앙시킬 수 있다고 하였다. 최초의 의사인 아스클레피오스(Asclepius)는 정서적 문제가 있는 사람들에게 특정 음악과 화음을 집중적으로 듣도록 하였는데, 이는 아마 음악에 집중하게 하여 다른 부정적 자극을 분산시키려는 의도였을 것이다.

피타고라스(Pythagoras) 역시 음악이 가진 특별한 힘을 조화와 질서에 초점을 두고 입증하려 하였는데, 이에 대한 수치적 근거를 제시하여 과학적 사실로 확립한 최초의 인물이다. 그는 우주를 이루는 여러 별의 조화로운 움직임과 음악을 이루는 여러 음의 조화가 매우 유사한 방식으로 존재한다고 강조하였으며, 사물의 본질이 수에 있다고 믿고 음악을 구성하는 음정을 수적 비율 관계로 분석하였다(〈악보 5-2〉 참조).

〈악보 5-2〉 피타고라스 조율법

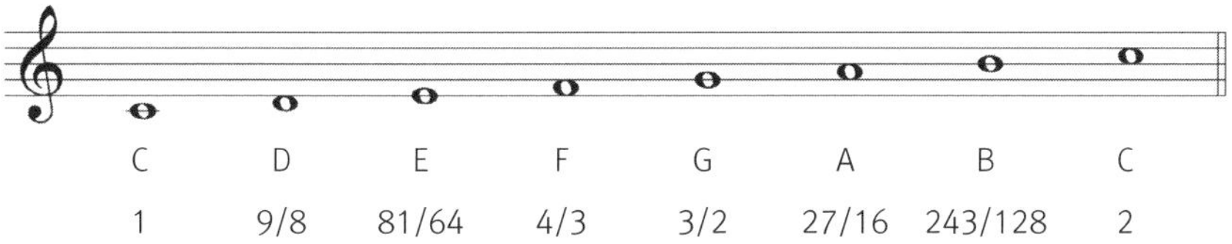

C	D	E	F	G	A	B	C
1	9/8	81/64	4/3	3/2	27/16	243/128	2

　이 시대의 음악 사용은 두 가지 형태의 양상을 띤다. 하나는 조화를 중요시하며 이성적인 시각에서 사용한 것이고, 다른 하나는 매우 감정적인 차원에서 발산의 도구로 사용한 것이다. 이성적 차원에서는 규칙과 조화를 강조한 음악을, 감정적 차원에서는 억압되고 혼란한 정서를 표출 및 정화하는 강렬한 카타르시스적 음악을 사용했다. 이러한 대립적인 두 가지의 음악 사용 방법은 이후 중세 시대의 음악관과 인간관, 질병관에도 영향을 미친다.

4. 중세 시대

　중세 시대는 로마의 멸망에서부터 근세 문화의 개화기까지를 가리키는데, 이때에는 교회가 중심이 되어 건축, 시, 문학 등 모든 예술을 주도하였으며 작곡자들 역시 신실한 종교인들이었다. 이 시기의 문화 대부분이 수도원에서 이루어졌다고 해도 과언이 아닐 정도로 중세의 음악은 종교 음악이 주를 이루었다(Machlis & Forney, 1999). 중세 시대 그리스도교 초기 지도자들은 모든 예술 분야에 경계심이 있었는데, 예술에는 기본적으로 이교도적인 전통 뿐만 아니라 인간의 감각을 자극하는 비종교적이고 세속적인 속성이 있다고 여겼기 때문이다. 이 시대의 교회는 규격화된 형태로 종교적 의식을 마련하였고, 그와 함께 음악도 종교적 형태로 발전하였다.

교회 음악이다 보니 종교적 또는 신앙적 내용의 찬양곡, 의례 음악들이 크게 발전했다. 유대인들이 유대교의 예배(시나고그)에서 시편을 노래한 것을 보면 종교에서 음악이 차지하는 비중을 알 수 있다. 언어가 단순하게 메시지를 전달한다면, 음악은 메시지 내용뿐 아니라 감정과 정서를 공유하는 총체적인 소통의 도구였다. 음악은 강조하고자 하는 메시지들을 가사에 담아 효과적으로 전달하였으므로 종교 역사에서 지속적으로 사용되었다(Kerman & Tomlinson, 2004).

중세 시대에 음악의 치유적 측면을 이론화한 사람은 당시의 철학자이자 음악가인 보에티우스(Boethius)였다. 그는 고대 그리스 시대의 피타고라스와 플라톤의 음악관을 중세에 전했는데, 음악이 인간의 성격과 도덕, 윤리적 행동에 영향을 미칠 수 있다고 강하게 믿었으며, 어떤 음악을 듣는지에 따라서 그 사람의 인성을 볼 수 있다고도 하였다. 그는 이러한 믿음에 근거하여 고대 그리스 시대의 도덕관을 토대로 음악을 세 종류로 분류하였는데 '우주의 음악(Musica Mundana)' '인간의 음악(Musica Humana)' '기악의 음악(Musica Instrumentalis)'이 그것이다. '우주의 음악'이란 우주의 움직임과 균형, 조화를 유도하는 음악을 말하며, '인간의 음악'이란 인간의 몸과 정신에 질서와 조화를 도모해 주는 음악을 말한다. 또한 '기악의 음악'은 인간의 영육 간의 건강을 도모해 줄 수 있는 음악을 일컬었다(Roskam, 1993).

중세 시대의 또 다른 철학자인 알파라비(Al-Farabi)는 모든 인간과 동물이 즐거움이나 공포 등의 감정을 경험할 때 본능적으로 특정 소리를 발산한다고 하였다. 이러한 감정들은 목소리로 표현되는데 그 목소리를 듣는 순간 청자도 그와 유사한 정서를 경험하게 된다고 하였다. 그리고 알 칸디(Al Kindi)라는 철학자는 '영성을 열게(dilate) 하는 것' '경직시키는 것' '이완되게 하는 것' 세 가지로 음악의 기능을 나누었다. 이러한 이론은 음악의 힘을 심리적·신체적·우주적 시각에서 설명한 것이다(Rouget, 1985).

　중세 시대의 인간관은 이성과 종교 중심이었는데, 이는 이 시대의 음악에도 고스란히 반영되었다. 그레고리 교황은 예배에서 쓰는 기본적인 찬트들을 모아서 표준화하도록 하였고, 그의 이름을 따서 '그레고리안 성가(Gregorian Chant)'라고 불렀다(〈악보 5-3〉 참조). 찬트는 종교적인 가사에 특별히 박자 개념과 리듬의 질서 없이 선율의 고저만을 적용한 곡이다. 여기서 선율적 특성은 예배나 의식에서 어떠한 기능을 하느냐에 따라 조금씩 다르다. 교회 안에서는 악기를 연주하는 것이 금기시되었기 때문에 주로 반주 없이 성악으로만 불렀다.

〈악보 5-3〉 중세 그레고리안 성가의 예

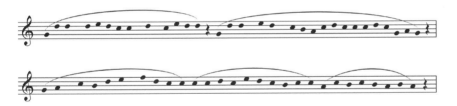

　찬트의 선율과 리듬 특성을 보면, 이 시대의 인간관이 어떠했는지를 알 수 있다. 찬트는 부점이나 추동 없이 일관적인 박의 나열을 중심으로 리듬을 진행하며, 선율의 진행 역시 순차적이고 도약이 없다. 즉, 조성적 특징이나 패턴이 감정과는 매우 거리가 멀고 이성과 영성을 강조하면서 종교심을 고취하는 음악이었다.

　찬트는 처음에 단성 음악으로 불렸지만 이후 다성 음악이 등장하면서 또다른 형태로 불리기 시작했다. 다성 음악은 2개 이상의 성부가 동시에 불리는 음악으로, 인간이 '보다 더 충만한(full and rich) 소리'에 대한 원함과 즐거움을 깨달으면서 발현된 '음조직'이라 할 수 있다. 초기 다성 음악의 예로 900년경에 등장한 오르가눔(organum)을 들 수 있는데, 기존의 선율에 대위되는 또 하나의 선율을 추가해서 동시에 같은 가사를 부른다(Kerman & Tomlinson, 2004). 여기서 '대위되는 선율'이란 일정한 음간(interval)을 두고 공간적으로, 평행적으로 같이 이동하는 것을 말한다(〈악보 5-4〉 참조). 이러한 화성적 특성은 인간의 정서적 필요에 부응한 발전이라고 해석할 수 있다. 예로 든 〈악보 5-4〉에서도 선율 진행이 매우 순차적이고, 리듬도 안정적으로 전개되는 것을 볼 수 있다.

〈악보 5-4〉 초기 다성음악의 예: 오르가눔

점차 선율적 탐색이 가미되면서 음악이 좀 더 표현적으로 발전하는데, 이를 '멜리스마(melisma)'라고 한다. 멜리스마는 가사 중 한 음절을 확장하여 상행과 하행을 교대로 연결해서 부르는 것으로, 확장된 음들은 개별적인 음고를 띠기보다 선율적인 전개를 구성하기 위함이라고 이해하는 것이 더 적합할 수 있다. 음악 안에서의 이러한 멜리스마 사용은 노래의 정서를 더욱 표현적으로 다루고자 하는 시도다(〈악보 5-5〉 참조). 이성과 영성을 강조하

〈악보 5-5〉 멜리스마틱한 표현의 예

a. 〈우리 죄인들을 위하여 빌어주소서(Ora Pro Nobis Peccatoribus)〉

b. 〈할렐루야(Hallelujah)〉

던 중세 음악에서 이러한 변화는 정서의 의미와 중요도를 더 의식하게 되었다는 점을 시사한다.

5. 르네상스 시대

르네상스 시대는 인간성의 부활을 상징하는 시대다. '르네상스(Renaissance)'는 15~16세기의 회화, 조각, 건축 양식을 지칭하는 의미로 처음 사용되었지만 차츰 이 시기의 모든 분야 예술을 의미하게 되었다(Stolba, 1997). 음악에서 르네상스 운동은 그리스인들의 인간 정신 부활이라는 르네상스 정신에 영향을 받아서, 억압받지 않은 인간 본래의 감정을 그대로 표현하려는 움직임으로 나타났다. 르네상스 시대를 대표하는 회화와 시에는 음악과 관련된 내용이 많이 등장하는데, 이 시대의 음악은 명료하고 단순하며 느낌을 그대로 표현하는 등 감각을 허용하려는 특징이 있다.

르네상스 시대에는 오로지 종교만을 중시하던 기존의 삶에서 벗어나 세속적인 세계관을 갖게 되었고, 내세보다는 현세에서 삶의 의미를 찾고자 하였다. 또한 고대 철학자들의 지혜를 재정립하고, 중세의 신비주의에서 벗어나 이성적으로 문제를 해결하여 자기관리 능력을 기르고자 하는 경향이 나타났다. 이러한 변화와 함께 르네상스 음악은 중세 시대의 여러 가지 제약에 얽매이지 않고, 종교적인 목적뿐만 아니라 미학적인 만족이나 즐거움을 얻는 데도 사용할 만큼 자유로워졌다. 여러 가지 주제를 음악을 통해 표현할 수 있는 새로운 방법을 모색하였으며, 이에 따라 새로운 작곡 형태들이 생겨났다. 일상생활은 물론이고 여러 행사와 의례에서 음악을 사용하면서 음악의 기능이 더욱 다양화되었다.

한편, 16세기에 이르러 유럽의 각 지방에서는 그 지역 특유의 음악 양식이 생겨났다. 이러한 양식을 '민족 양식'이라 하는데 이탈리아에서는 마드리갈(madrigal), 프랑스에서는 샹송(chanson), 독일에서는 리트(lied)가 등장하면서 지역적 배경과 스타일에 부응하는 음악이 만들어졌다. 마드리갈은 16세기 이탈리아의 세속 노래 중 가장 중요한 장르였으며 가사 대부분이 전원 풍경을 묘사하거나 사랑을 노래하는 감상적인 시였다. 샹송과 리트는 이후 사랑 노래나 가곡으로 발전하여 목소리를 주 음색으로 사용하는 음악 양식이 되었다. 이 외에 춤곡이 두드러지게 발전하여 사교장과 극장에서 사용되었는데, 대표적인 예로 2박자로 된 파반느(pavane)와 3박자로 된 길리아드(galliard)가 있다(이석원 외, 2000; 〈악보 5-6〉 참조).

〈악보 5-6〉 파반느와 길리아드

a. 파반느

b. 길리아드

이렇게 음악 양식이 지역에 따라 분화되면서 음악이 더욱 과학적으로 사용되기도 하였는데, 음악의 속성과 인간의 기질적 속성을 연관 지어 연구한 것을 예로 들 수 있다. 이 시기에는 의사와 음악가 모두 고대 그리스 시대의 건강관에 영감을 받았다. 즉, 조화를 통해 몸과 마음의 균형을 보존하면 질병에서 벗어날 수 있다는 건강관을 계속 유지한 것이다. 키르허(Kircher)는 이를 확장하여 네 가지 체액설과 인간의 기질을 음악과 연관 지은 이론을 내놓았다(〈표 5-1〉 참조). 이 이론에서 인간의 네 가지 기질(우울한, 무기력한, 낙관적인, 다혈질의)은 기원전 5세기의 그리스 철학자 엠페도클레스(Empedocles)의 4원소(흙, 물, 공기, 불), 음악의 네 가지 음역대(베이스, 테너, 알토, 소프라노), 음악의 네 가지 선법(믹소리디안, 도리안, 리디안, 프리지안)과 연결된다. 인간의 장기에서 배출되는 체액, 그것이 만들어 낸 기질적 특성 그리고 이에 음악 요소가 어떻게 치유 역할을 하는지를 보여 주었다

(Boxberger, 1962). 이 이론은 인간의 기질과 음악을 최초로 연결 지었다는 점에서 의미 있으며, 치유의 목적보다는 기질적 정서를 음악으로 조율하는 개념을 제시했다는 것이 흥미롭다.

〈표 5-1〉 인간의 기질과 음악적 속성

우주	인간			음악	
요소	체액	기관	기질	음역	선법
흙	담즙	비장	우울한	베이스	믹소리디안
물	점액	뇌	무기력한	테너	도리안
공기	피	심장	낙관적인	알토	리디안
불	황담즙	간	다혈질의	소프라노	프리지안

이러한 르네상스 시대의 음악적 변화는 어디에서부터 어떻게 시작되었을까? 이는 중세 시대와는 다른 인간관과 이에 따른 음악 양식, 작곡, 소재 등에서 기인했다고 볼 수 있다. 삶의 주요 가치가 종교뿐 아니라 인간에게도 부여되면서 세속적인 음악이 나왔고, 인간의 다양한 감정과 만날 수 있는 음악이 발달하였다. 음악 양식의 요소적 특징을 보면, 인간의 에너지와 감성적 측면을 훨씬 더 많이 반영하여 발전한 것을 알 수 있다.

6. 바로크 시대

바로크 시대는 변화와 모험의 시기였다. 아메리카 대륙의 정복은 많은 사람의 상상력을 불러일으켰으며 중산 계급은 귀족 사회와 투쟁하여 부와 권력을 거둬들였다. 제국들은 세계 지배를 두고 서로 충돌했다. 극심한 가난과 허황된 사치, 이상주의와 잔혹한 압제 등 온갖 모순을 동반한 바로크 시대는 절대 군주제의 시대였다. 루이 14세(Louis XIV)의 "짐은 국가다."라는 말에서 볼 수 있듯이 예술과 문화의 영역에서도 군주의 영향력이 지배적이었다 (Machlis & Forney, 1999).

　한편, 이러한 시대적 배경에도 불구하고 바로크는 이성의 시대이기도 했다. 이성과 과학은 서로를 발전시켜 나갔다. 뉴턴(Newton), 라이프니츠(Leibniz), 갈릴레이(Galilei)와 같은 과학자들이 등장했으며 데카르트(Descartes), 로크 (Locke), 흄(Hume)과 같은 사상가, 경험주의자들이 나타났다. 이러한 두 가지 의 잣대, 즉 절대 군주주의와 다른 한편의 체계적이고 수학적인 사고가 상호 작용하면서 과학과 예술에서도 새로운 발견과 발전이 있었다.

　바로크 시대의 새로운 음악 양식은 르네상스의 양식을 완전히 대치했다기 보다 공존했다고 볼 수 있다. 우선 몇 개의 독립적인 성부에서 하나의 선율 이 주가 된 음악으로, 다시 말해 다성적 성부보다 화성적 성부가 중심인 음 악이 발전했다. 또한 곡을 구성하는 음의 밀도가 매우 높고 역동적이며 완성 도 있게 전개되었다. 이 시대의 곡들은 안정감이 있는 박자감과 화성적 전 개 등 음악적 규칙을 모두 소화해 내면서도 활력이 넘쳤다. 이러한 점은 바 로크 시대의 건축 양식에서도 볼 수 있는데, 화려한 조각, 회화, 장식, 기교 를 모두 접목한 복잡하고 호화로운 건축물들과도 일맥상통한다(Kerman & Tomlinson, 2004).

　바로크 음악의 다양한 양식 중에서도 음악치료에서 가장 많이 언급되 는 것은 대위법(counterpoint)이다. 서양 음악의 악곡 형식 중 하나인 '푸가 (fuga)'는 대위법을 따라 연주되는데, 주제 선율이 한 성부에 처음 제시되고 이어서 다른 성부들이 주선율을 딸림조나 으뜸조로 모방하면서 연주해 나 간다. 다음 바흐의 〈푸가 G단조(Fugue in G minor, BWV 578)〉에서는 주선율 을 먼저 위 성부에서 제시했지만, 이후 계속해서 다른 성부가 모방하고 반복 하고 있다. 또한 4분 음표에서 8분 음표로, 그다음 16분 음표로 하위 분할을 하면서 역동감과 에너지를 생성한다(〈악보 5-7〉 참조).

〈악보 5-7〉 바흐의 〈푸가 G단조〉

　　대위법이 어떻게 심리적 반응과 관련이 있을까? 그것은 바로 모방 심리 때문이다. 하나가 반복되고 그때 다른 하나가 그것을 모방하면서 둘의 관계가 성립된다. 부분 메아리처럼 들리기도 하지만 서로 지지하면서 발전해 나가는 상호 보완적 관계를 상징한다. 유독 바흐 음악을 좋아하는 감상자들이 이러한 심리적 충족을 원한다고 볼 수 있는데, 혼자보다는 대화를 들어 주고 이를 반영해 주는 지지자가 있다는 느낌을 받는다고 한다. 물론 이 외에도 바흐 음악이 가진 역동성과 에너지 추동 등 다른 여러 심리적 요소 때문에 선호하는 부분도 있다.

　　바로크 시대의 과학 발전은 음악과도 관계가 있다. 과학 발전은 음악 작곡과 연주에도 논리와 규칙, 일관성을 요구했다. 예를 들면, 바흐의 〈평균율 피아노곡(well-tempered clavier)〉에서 볼 수 있듯이 조율 및 음정의 정확성 등이 이전보다 훨씬 더 강화되었다. 화음 구성은 더욱 체계화되었으며, 전개역시 적절한 논거에 근거하여 진행되는 것이 중요해졌다. 또한 리듬적 구조와 전개도 명확한 구조와 치밀한 진행을 보였다.

바로크 시대의 과학 발전과 함께 1621년 버턴(Burton)의 『우울증의 해부학(Anatomny of Menlacholy)』이 출판되면서 음악과 의학에 대한 관심이 높아지고, 인과 관계에 대한 연구도 활발해졌다. 철학자이며 수학자인 데카르트는인간의 정서와 음악을 관련지어 분류하고자 시도하였고, 이를 시작으로 여러 과학자가 음악 이론가들과 함께 척도(checklist)를 만들어 음악과 관련된정서를 연구하였다. 예컨대, 특정 정서를 표현하는 모티브와 리듬 패턴을 분석하였으며, 이를 작곡가들과 공유하여 음악과 정서 간의 근거 중심 연구를발전시켰다.

바로크 음악은 매우 웅장하고, 박력 있고, 역동적이다. 바로크 시대에는저음의 시대라고도 불릴 만큼 저음을 많이 사용했는데, 이러한 저음의 강도와 음색, 진동에 열정과 자신감을 투사하여 힘 있는 음악을 만들어 냈다. 또한 바로크 음악은 주로 특정한 감정 하나만을 담아내는 것이 특징이었는데,슬픔은 가장 저음으로 무겁게, 평온함은 고요하게, 밝음은 화려하게, 행복은환희를 담아 표현했다(Kerman & Tomlinson, 2004).

바로크 시대 음악의 치료적 활용과 발전은 인상적이다. 4체액설과 음악은 작곡에 많은 영향을 미쳤고 음악과 의학이 만나는 데도 크게 기여했다.이 시대의 많은 문학가도 음악의 힘을 시, 소설 등의 문학에서 자주 다루었다. 왕궁에서도 음악의 힘을 인정하여 스페인의 카스트라토인 파리넬리(Farinelli)는 스페인 왕 펠리페 5세(Felipe V)의 급성 조울증을 치료하기 위해궁중 음악가로 고용되었다는 기록도 있다(Peter, 1987).

그렇다면 이러한 음악 양식의 변화는 르네상스 시대의 음악과 어떠한 차이가 있었을까? 르네상스 시대가 인간의 가치를 조명했다면 바로크 시대는

활력 넘치는 인간의 저력과 힘 그리고 능력을 과학과 의학 및 예술에서 확인
하고자 했다. 그리하여 더욱 명료하고 박진감 있는 음악으로 열정적인 인간
의 모습을 담아냈다고 할 수 있다.

7. 고전주의 시대

고전주의를 영어로 'Classicism'이라고 하는데, 이 단어의 어원인
'classicus'는 '최상의 수준'을 일컫는 라틴어. 고전주의 시대의 가장 주요한
변화는 계몽주의(englightenment)의 발현이다. 계몽주의는 바로크 시대의 발
전을 유도한 '이성'에 대한 강한 신념에서 비롯되었으며, 지성과 과학적 본성
을 전제로 사물을 보는 시각이 강조되면서 자연의 힘을 통제하기보다 인간
의 필요에 맞게 활용하려고 하였다. 이와 함께 윤리, 교육, 정치, 사회 등에
관한 문제 해결력과 통찰력을 깨우치고 증진하려는 노력이 시작되었다.

미국에서도 계몽주의는 많은 변화를 불러왔다. 식민지 시대와 달리 새롭
게 주 정부가 출현하면서 이상적인 제도, 정치, 철학을 참고하는 등 '삶, 자
유, 행복 추구'에 대한 권리가 화두로 떠올랐다. 이러한 상황에서 예술은 심
오한 표현보다 즐거운 경험을 제공하는 것이 중요했다.

고전주의 음악은 조화롭고 완벽한 형식미를 추구하고 동시에 간결하고 단
순한 구조가 특징이다. 음악도 18세기 중반에는 매우 가볍고 흥겨운 스타일
이었는데 가장 대표적인 장르가 '디베르티멘토(divertimento)'다. 디베르티멘
토는 '기분 전환'이라는 의미로, 단어의 의미에서 알 수 있듯이 여흥을 위한
유희곡이었다. 물론 고전주의 시대의 대표적인 음악가인 하이든과 모차르트
가 이러한 가벼운 음악만을 작곡했다고 볼 수는 없지만, 흥겨움을 음악에 담
아내고자 시도하였다.

고전주의 시대의 음악은 다른 시대보다 매우 직접적이었으며, 가볍고 편
안한 분위기였다. 이렇게 즐거움을 중시하는 예술적 경향은 야외 연주회

를 활성화하는 계기가 되었다. 특히 1725년에 창립된 '콩세르 스피리튀엘(Concert Spirituel)'이 많은 공연을 시리즈로 기획하여 올렸고, 이를 통해 오케스트라 곡들을 공유하는 등 변화가 생겼다. 물론 교회에서는 교회 음악만 연주하고 오페라 하우스에서는 오페라만 올렸지만, 다양한 영역의 음악을 더욱더 공유하기 위해 사람들이 한자리에 모이는 등 음악의 사회적 기능이 강화되기 시작한 것이다. 이러한 야외 연주회에서는 심포니, 협주곡 같은 기악곡들을 연주했다(Kerman & Tomlinson, 2004).

이 시대 곡들은 매우 다양한 양상을 보인다. 박진감 있고 역동적인 바로크 음악과 달리, 고전주의 음악은 자연스러움과 유쾌함, 형식과 체계를 모두 중시했다. 론도, 소나타, 교향곡 등 다양한 형식으로 작곡하였으며 형식에 따른 규율을 중요시했다. 바로크 음악과의 차이는 주로 리듬에서 보였는데, 동일한 리듬이 반복되기보다는 약간의 변주된 리듬을 제시하였다. 전체적인 곡의 빠르기와 박자는 일정하게 유지하더라도 주제의 리듬은 조금씩 변주되는 것을 흔히 볼 수 있다. 예를 들어, 다음에 제시한 클레멘티(Clementi)의 〈소나타 36번(Sonata Op. 36, No. 3)〉의 경우 주선율이 처음에는 다장조에서 연주되지만(A), 이후 다시 제시될 때는 이조되어 나타난다(B). 또한 선율 라인도 하행 진행에서 상행 진행으로 변주되어 제시된다(〈악보 5-8〉 참조).

〈악보 5-8〉 고전주의 시대 음악의 예: 클레멘티의 〈소나타 36번〉

음악적 융통성은 곡의 다이내믹에서도 나타나서 단계적으로 커지고 작
아지는 개념이 처음 사용되었다. '점점 작게(diminuendo)'와 '점점 크게
(crescendo)'는 강도의 단계를 접목한 것으로 매우 섬세하면서도 자연스럽
게 변화를 보여 주는 기술의 하나다(〈표 5-2〉 참조). 사실 이것은 기존의 하
프시코드와는 매우 다른 피아노를 중심으로 작곡을 하면서 실제로 다이내

믹을 조절할 수 있게 되었기 때문에 가능했다. 또한 선율도 단순하고 명료한데, 역동적으로 빠르게 진행되는 바로크 음악과는 사뭇 다르다. 고전주의 시대에는 선율이 복잡하지 않고 단순 명료한 라인을 중심으로 전개되며 실제로 노래할 수 있는 선율을 선호했다. 즉, 무거운 감정보다는 경쾌하고 즐겁고 가벼운 정서를 다루었다.

〈표 5-2〉 다양한 셈여림표와 의미

셈여림표	읽기	의미	셈여림표	읽기	의미
pp	피아니시모	매우 여리게	mf	메조포르테	조금 세게
p	피아노	여리게	f	포르테	세게
mp	메조피아노	조금 여리게	ff	포르티시모	매우 세게
fp	포르테피아노	세게 곧 여리게	cresc.	크레셴도	점점 세게
decresc.	데크레셴도	점점 여리게	dim.	디미누엔도	점점 여리게
sf, sfz	스포르잔도	그 음만 특히 세게	fz	포르잔도	그 음만 특히 세게

또 다른 특징으로는 주제의 반복에서 올 수 있는 지루함을 해소하기 위해 변주를 자주 시도했으며, 선율은 매우 경쾌하고 선율적인 악절로 구성되었다. 그러다 보니 여러 성부가 겹쳐지기보다 호모포니를 중심으로 한 음악이 주를 이루었다. 즉, 하나의 주선율과 이를 받쳐 주는 화음이 두드러지고 선율의 반복과 변주를 통해 매우 균형감 있고 평행적인 전개를 고수하였다. 이러한 구조적이고도 명료한 전개는 주선율의 전개가 빠르고 영역이 넓었던 바로크 음악과 대비된다. 한 예로, 하이든의 〈놀람 교향곡〉에서는 주제가 여러 번 반복되는 동안에 강도나 조성, 악기 구성에 차이를 두어 단순한 구조 안에서도 다양한 변주를 선보였다(〈악보 5-9〉 참조).

〈악보 5-9〉 고전주의 음악의 주제 변주의 예: 하이든의 〈놀람 교향곡〉

a. 주제선율

b. 제1변주: 주제(제2바이올린)와 대위가락(제1바이올린)

c. 제2, 3변주(현악기, 목관악기)

d. 제4변주: 주제(목관악기, 금관악기)

　　그렇다면 고전주의 음악의 이러한 특징은 무엇을 반영할까? 시대적으로 이성과 간결함을 중시해서인지 음악적 구성과 전개에서 충동적이거나 발산적인 느낌이 전혀 없다. 바로크 음악이 종교를 배경으로 인간의 영적 에너지를 자극했다면 고전주의 음악은 인간의 경쾌함, 자연스러움에 초점을 두었다. 따라서 다양한 음악적 요소는 좀 더 가벼우면서도 경쾌한 분위기를 연출했다.

　　한편, 고전주의 시대에는 음악이 본격적으로 치료 현장에 사용되었다. 이는 과학 기술의 발전으로 음악의 치료적 개입에 대한 임상 실험, 사례, 음악적 적용에 대한 연구와 기록이 가능했기 때문이다. 1748년에『정신병리(Insanity in Mental Maladies)』라는 책에 음악이 정신과 치료에서 하나의 대체 요법으로 사용될 수 있다고 기록되었고, 특히 히스테리 같은 신경증적 증상에 매우 효과적이라고 보고하였다(Rogers, 1918). 또한 이 시대부터 음악을 치료적으로 사용된 사례 등이 문서화되었다.

8. 낭만주의 시대

낭만주의 시대는 인간 내면의 탐색과 감정을 주로 다룬 시대라고 할 수 있다. 고전주의 시대에서 소통의 도구로서 예술의 힘이 강조되었다면, 낭만주의 시대에서는 예술을 표현의 도구로 보았다. 인간 내면에 대한 탐색과 이해는 혁명을 거치면서 그 욕구가 더욱 강해졌다. 1789년 프랑스 혁명과 함께 산업 혁명이 일어났고 이후 미국, 러시아 등 1917년까지 세계 각국에서 크고 작은 혁명이 일어났다. 이러한 배경에서 프랑스 혁명과 깊은 관계를 지니고 낭만주의가 태동했으며, 이는 중대한 사회적 세력의 소산이었다. '자유, 평등, 박애'의 표어는 희망과 환영을 북돋아 주었고 거의 모든 예술가가 이에 호응하였다. 억눌린 자에 대한 동정, 비천한 사람에 대한 관심, 인간과 그 운명에 대한 믿음 등 이 시대와 밀접하게 관련된 모든 것이 낭만주의 운동의 민주적인 성격을 드러냈다.

낭만주의 시대는 개인의 표현을 독려하는 시대였다. 특히 음악은 타 예술 매체보다 인간의 감정을 표현하는 데 훨씬 효과적이라고 믿었기에, 이 시대 음악은 다른 어떤 시대보다도 더욱 과감하게 다양한 감정적 색깔을 담아냈다. 또한 예술 자체에 대한 경계선이 계속 높아지면서 모든 형식과 규율을 거부하고, 미와 장식에 대한 추상적인 개념과 새로운 표현을 시도하게 되었다.

이러한 낭만주의 시대 철학과 인간 감정에 대한 시각은 음악적 스타일의 변화와 요소적 특성에 매우 큰 영향을 미쳤다. 개인적인 감정과 느낌을 존중하던 시대적 특징에 따라 작곡가들의 성향과 스타일이 음악에 많이 묻어났다. 리듬에서는 루바토(rubato)가 새로 생겨났다. 루바토는 연주상의 융통성을 의미하는데 특정 음을 필요한 만큼 더 길게 유지할 수 있는 지시표이다.

이러한 음악적 표현의 융통적 시도는 선율 구성과 전개에도 적용되었다. 다음 예는 쇼팽의 〈녹턴 20번(Nocturne C# minor No. 20)〉으로, 제시된 선율이 발전하여 절정(클라이맥스)에 도달하였다가 해결되는 전개를 보인다. 이러한 감정 변화를 섬세하게 표현하기 위해 선율 구성에서 꾸밈음과 임시표 또는 곡 안에서 약간의 크로매틱한 전개, 즉 상향 또는 하향하는 반음을 사용하였다. 또한 화음 역시 선율에 따라 매우 풍성하게 전개되고 있는데, 이렇게 화려한 화음 전개는 낭만주의 시대 음악의 대표적인 변화 중 하나다(〈악보 5-10〉 참조).

〈악보 5-10〉 낭만주의 음악의 선율: 쇼팽의 〈녹턴 20번〉

18세기의 고전주의 음악이 고대 그리스 문화에서 영감을 얻어 만들어진데 반해, 낭만주의 음악은 이른바 암흑시대, 즉 중세를 배경으로 하여 자연, 인간, 감정 등을 자유롭게 표현하고 미지의 것을 탐색하고 알고자 하는 열정의 산물이었다. 특히 개인주의 정신은 일상의 반복과 지루함을 거부하고 새롭고 강렬하며 통제되지 않는 것, 독창적인 예술적 표현을 위한 도전을 추구하였다. 개인의 꿈과 열정, 삶과 죽음, 신과 자연, 애국과 자유 등 추상적인 개념에 대한 탐험과 표현을 시도하였다.

낭만주의 음악은 여러 가지 삶의 정서를 음악으로 담아내고자 시도하였으며 그 결과 표제 음악이 발전하였다. 여기서 표제 음악이란 특정 주제를 지닌 음악으로, 그 주제를 전달하고 표현하기 위해 특별한 형식을 띠는 등 다양한 비음악적 아이디어를 다룬 음악을 말한다.

다음 예는 쇼팽이 비 오는 날의 정서를 음악으로 묘사한 〈빗방울 전주곡 (Prelude in Dflat major Op. 28, No. 15)〉의 한 부분이다. 이 전주곡의 A 부분은 비교적 가벼운 빗줄기를 묘사한 반면, B 부분에서는 반복되는 음을 이용하여 빗방울 소리와 그 굵기를 음향적으로 묘사하고 있다. 이는 음의 강도와 음색을 이용해 시각적 연상과 정서를 유도했다고 할 수 있다(〈악보 5-11〉참조).

고전주의와 낭만주의 음악을 비교하면, 두 음악 모두 인간 본성의 기본적 충동을 반영하고 있다. 다른 점은 고전주의가 중용을 원하고 감정의 정화와 억제를 소망한다면, 낭만주의는 자유로운 감정의 표현을 갈망하고 미지의 것 혹은 얻기 힘든 것을 동경한다는 것이다. 유사한 맥락에서 고전주의는 지성으로, 낭만주의는 감성으로 표현할 수 있겠다.

이러한 변화는 음악에서도 나타나는데, 두 작곡가가 쓴 〈아베 베룸(Ave Verum)〉은 각기 다른 시대의 음악적 스타일을 잘 보여 준다(〈악보 5-12〉 참조). 고전주의 음악인 모차르트의 곡에서는 주선율을 지지해 주는 코드 중심의 호모포니와 화음 전개의 간결함과 명료함을 느낄 수 있다면, 낭만주의 작곡가인 리스트(Liszt)의 곡에서는 코드 중심의 화음이 아니라 두 선율의 대화

〈악보 5-11〉 표제 음악의 예: 쇼팽의 〈빗방울 전주곡〉

A

B

〈악보 5-12〉 고전주의와 낭만주의의 〈아베 베룸〉

a. 모차르트의 〈아베 베룸〉

b. 리스트의 〈아베 베룸〉 편곡

처럼 표현적이면서 서정적인 특성을 느낄 수 있다. 또한 크로매틱한 꾸밈음을 사용하고, 닫힌 코드보다는 선율로 지지하는 등 보다 감성적인 느낌이 흐른다.

이 외에도 낭만주의 음악은 매우 서정적이면서도 섬세한 정서를 담아내는 것이 특징이다. 한 예로, 슈만의 〈트로이메라이(Träumerei)〉는 마치 꿈을 꾸는 듯한 시각적 심상을 음악으로 표현한 곡인데, 이러한 꿈의 몽환적이면서 달콤한 정서는 낭만주의 시대의 음악 양식 덕에 가능했다고도 할 수 있다. 기존의 조성적 틀에서 벗어난 임시표 활용과 레가토적 아티큘레이션은 계속해서 꿈이 펼쳐지는 듯한 심상을 제공한다(〈악보 5-13〉 참조). 여기서 아티큘레이션이란 소리가 산출되고 표현되는 방식을 의미하는데, 스타카토는 음들을 각각 분리하여 표현하는 반면, 레가토는 모두 이어지는 방법으로 연주하는 것을 말한다.

〈악보 5-13〉 낭만주의 음악의 예: 슈만의 〈트로이메라이〉

9. 20세기

1890년대부터 1918년까지 모든 예술과 문학 영역에 현대주의가 물밀듯이 들어오면서 놀라운 발전을 보이기 시작했다. 이러한 변화의 요인 중 하나는 산업화였는데, 과학과 기술의 발전에 따라 산업화가 활성화되면서 귀족 중심의 예술 활동이 사회적 소산으로 변화하고 독립 자산가들이 예술 운영의 중심 세력으로 자리 잡기 시작하였다. 유럽의 예술은 기존의 예술적 풍토에서 더 나아가 다른 민족과 나라의 이국적 자원을 발견하고 이를 예술적 산물에 적용하였다. 예를 들어, 많은 화가가 아프리카 조각의 추상성을 높이 평가하였고 음악가들 역시 아프리카 리듬의 역동성에 매료되었다.

20세기 음악도 다른 예술 분야와 마찬가지로 비서양의 영향과 인상주의의 상징성이 대표적인 특징이다. 작곡가들은 신선한 리듬을 찾아 아프리카를 비롯하여 아시아와 동유럽의 음악에 관심을 가졌고, 타민족의 원초적이며 강력한 리듬을 자신들의 음악에 접목하였다. 이러한 원초적인 리듬감은 20세기 음악 스타일에서 욕구와 추동을 즉각적으로 외현화하고 심상을 소리로 묘사할 수 있게 한 매우 표현적인 시도였다.

1) 인상주의 음악

인상주의 음악은 1870년대에 시작되었으며 추상적인 표현이 주된 특징이다. 추상적인 표현은 낭만주의 시대의 감정의 과잉과 표현에 대한 반향으로 등장했다. 미술에서 인상주의가 구체적인 선이나 형태로 그리는 것을 지양하고 예술가가 대상으로부터 받은 인상만을 표현하는 기법을 의미하듯이, 음악에서도 인상주의는 전통적인 화성이나 선율 등에 제약받지 않고 작곡가가 경험한 인상이나 느낌을 순수하게 표현하는 것을 의미한다. 인상주의 대표 작곡가인 드뷔시(Debussy)의 〈달빛(Clair de Lune)〉은 신비로움과 영롱함 등 작곡가가 달빛을 통해 경험한 것들이 음악으로 표현되어 있다(〈악보 5-14〉 참조). 감정을 표현하거나 줄거리를 이야기하기보다는 암시적인 제목과 분위기, 느낌 등을 표현하고, 그러한 음악을 감상하고 느낀 것을 그대로 경험하게 하고자 한 것이다. 인상주의 음악의 특성은 절정의 클라이맥스 없이 은은한 베일에 싸인 색조의 혼합과 회화적 성질, 감지할 수 없는 모호한 전개라고 이야기할 수 있다(신금선 역, 1997).

〈악보 5-14〉 인상주의 음악의 예: 드뷔시의 〈달빛〉

또한 인상주의 음악은 암시적인 표현과 간접적인 정서를 다룬다. 미술과 비교하면 사물 그대로를 표현하는 사실주의보다 사물의 상징성과 함축된 메시지를 표현하는 것이다. 음악에서는 이러한 상징성을 하나의 모티브나 악구로 표상화하여 사용하였다.

2) 표현주의 음악

표현주의 음악은 인상주의 음악 이후 발전하였다. 인상주의 음악의 특징이 자유로운 화성 진행과 온음계 등에서 비롯된 조성의 모호함이라면, 표현주의 음악은 조성을 초월한 '무조성'이라 볼 수 있다. 폭넓은 선율의 도약, 악기들의 극단적인 음역 사용 등 과도하게 표현적인 화성 언어를 추구한다. 쇤베르크(Schoenberg), 베베른(Webern), 베르크(Berg)와 같은 작곡가들이 인상주의 음악에 대항하여 날카로운 음정, 극도로 높은 음역과 낮은 음역, 자유로운 박절(拍節)과 리듬 사용 등을 특징적으로 시도하였다. 특히 쇤베르크는 조성, 화성, 형식 등 기존에 사용하던 음악적 범위를 타파하고 새로운 작곡 기법인 12음으로 표현주의를 열었다(〈악보 5-15〉 참조).

〈악보 5-15〉 쇤베르크의 12음

표현주의 음악은 감정의 전달을 위해 한층 더 강력한 방법을 추구하였는데, 장단조 조직의 한계점까지 도달하였다. 쇤베르크는 '불협화음의 해방(emancipation of dissonance)'이라는 표현을 사용하였는데, 이는 불협화음을 해결해야 하는 부담감에서 벗어나는 것을 전제로 한다. 즉, 어떠한 식으로든 종지와 해결을 요구하는 규칙에서 벗어난다는 의미다. 작곡가들은 더욱 불협화음을 추구하였고, 불협화음에서 협화음으로의 전개가 아니더라도 높은 강도의 불협화음에서 보다 낮은 불협화음으로의 전개도 충분히 해결적인 종지가 될 수 있음을 제시하였다.

현대 음악에서 선율은 더욱 복잡하게, 박절적으로, 모호하게 사용되었으며 화성 역시 불협화음과 협화음의 경계 없이 사용되었다. 기존 통념과 규율에서 탈피하고자 하는 시도는 무조 음악의 성행으로 이어졌다. 정신세계의 자유로움, 표현의 자유로움 등을 의미하는 무조는 일정한 틀 안에서 짜인 표현이 아니라 매우 다른 색깔의 강렬하고 노골적인 표현 방법을 사용하기 위한 시도였다. 즉, 표현하고자 하는 감정의 색깔이 더욱 다양해지고 그 한계 범위가 넓어지면서 다른 표현 방법과 형태가 필요해진 것이다.

리듬 역시 전혀 조직적이지 않은 패턴에 단절적이면서도 역동적인 양상을 보이게 되었다. 음색에서도 '말하는 선율(sprechstimme)'로 불리는 화법의 특성을 살려 거친 속삭임에서부터 히스테리컬한 목소리 사용 등 매우 도발적인 시도를 보였는데, 이는 악기 대신 목소리의 다양한 음색을 통해 원색적인 감정을 그대로 표현하고자 했기 때문이다. 이처럼 표현주의 음악은 인간의 표현적 필요(need)에 따라 탈경계적 활용을 보였다.

음악적 스타일의 발현은 인간 표현성의 확장과 심화, 기존 방법에서의 초월을 상징한다. 인간의 감정에 대한 철학, 탐색, 표현, 세밀감 등이 심화되면서 표현력과 방법도 달라질 수밖에 없었다. 즉, 시대적 성장과 함께 변화된 인간관, 감정 및 정서에 따른 실험적인 측면, 변천, 진화 등은 명료하게 음악의 스타일과 기능에 드러났다. 선율을 지지하던 화음과 조성은 이제 그 자체로도 하나의 개성이 되었고, 선율을 통한 특정 감정의 규명보다는 감정의 모호성을 수용하고 인정하게 되었다. 이는 감정을 굳이 규명하기보다 체험하는 것에 더 의미를 두었기 때문이다. 또한 표현주의 음악은 인간 정신의 긴장과 부적 감정의 강도를 그대로 전달하고자 했는데, 이는 항상 긍정적이고 밝아야 한다는 기존의 통념을 초월한 것으로 이해할 수 있다. 내면세계의 밝은 면보다는 어두운 면을 표현했으며, 사회적 인간보다는 반항하고 소외된 인간의 모습을 의도적으로 음악에 담았다.

Summary

- 음악의 기원에 대한 여러 가지 설은 대부분 음악이 인간의 활동과 필요에 따라 유래했다고 보고 있다.
- 원시 시대에는 음악이 종교적·치료적 목적을 위해 다양한 형태로 활용되었다.
- 고대 그리스 시대에는 규칙과 조화를 강조한 이성적 차원의 음악과 강렬한 카타르시스적 차원의 음악, 두 가지 형태가 사용되었다. 이러한 두 가지 대립적 음악의 사용은 이후 중세 시대의 음악관과 인간관, 질병관에도 영향을 미쳤다.
- 중세 시대에는 인간의 감정을 배제하고 도덕성을 강화하며 성스러움을 극대화하기 위한 종교 음악들이 크게 발전했다.
- 르네상스 시대에는 세속적인 세계관에 입각하여 명료, 단순하며 느낌을 그대로 표현함으로써 인간의 감각, 감정을 다루는 음악이 등장했다.
- 바로크 시대는 음악에 따른 인간의 정서적 반응에 따라서 본격적인 연구가 시작된 시기로, 화음 구성이 더욱 체계화되었으며 리듬적 구조와 전개, 음악 양식도 명료해졌다. 특히 이 시기에 발전된 대위법은 심리적 반응과 특별한 관계가 있다.
- 고전주의 음악은 다양한 형식을 통해 조화롭고 완벽한 형식미를 추구하면서도 동시에 간결하고 단순한 구조를 지니고 있다.
- 낭만주의 시대에는 인간 내면의 탐색과 다양한 감정을 다루기 위한 음악적 아이디어(예: 루바토, 임시표)들이 발전하였다.
- 인상주의 음악은 낭만주의 음악에 비해 암시적·간접적으로 정서를 다루고 있으며, 이를 위해 자유로운 화성 진행과 온음계 등을 허용했다.
- 표현주의 음악은 조성을 초월하고 예외적 표현을 사용하여, 내면세계의 어두운 면과 반항하고 소외된 인간의 모습을 의도적으로 음악에 담았다.

제6장

감상심리치료

음악 감상은 우리의 삶에서 매우 친숙하다. 개인마다 선호하는 음악 장르가 있으며, 음악을 통해 위로와 공감을 받는다. 음악은 청각 신경을 통해 접하지만 그 반응은 다차원적으로 일어난다. 음악 감상에서 감상(listening)은 듣기(hearing)와 구별되는 적극적인 청취 행위다. 즉, 원하는 또는 원하지 않는 소리가 들리는 것과 달리, 감상은 우리가 의도적으로 특정 소리에 집중(tuning in)하는 것이다. 이 장에서는 음악 감상에 수반되는 다차원적 경험을 생리적 · 인지적 · 심미적 · 정서 조율적 · 정신역동적 · 초월심리적 차원에서 살펴보고자 한다.

1. 음악 감상의 생리적 반응

음악은 소리의 복합체다. 하나 이상의 음이 시간에 근거하여 횡적으로 나열되면서 동시에 다른 음들과 결합된다. 감상 시 하나의 청각 자극제로 기능하는 것에 대해 생리 음향적 부분을 이야기하지 않을 수 없다. 생리 음향적으로 신체는 음악의 네 가지 요소, 즉 음, 리듬, 선율, 하모니에 반응을 보이는데, 이들은 모두 진동(vibration)의 빠르기에 영향을 받는다.

음악을 구성하는 모든 음은 진동으로 이루어져 있다. 사실 환경에 존재하는 모든 물체는 진동한다. 물체를 구성하는 분자가 움직이면서 에너지가 전달되고 다른 형태로 전환되듯이, 소리의 근본은 이렇게 진동하는 분자들에 의해 생성된다고 할 수 있다. 데이비스(Davis)는 인간의 모든 신체 부위는 진동하는 세포로 구성되어 있으므로, 음의 속성과 공통점이 있다고 하였다. 이러한 특성은 음이 청감각을 통해 처리되는 과정에서 매우 치료적인 기능을 한다. 다양한 주파수대의 음으로 구성된 음악을 감상하게 함으로써 몸을 구성하는 다양한 세포의 진동을 활성화해 줄 수 있다. 음의 진동은 신체 조직을 구성하는 모든 세포에 자극을 준다. 주변 환경에서 발생하는 소리의 음향적 속성은 체내 세포의 분자(molecular) 수준에서 진동의 동조화를 유도한다(Davis, 2004).

음악 감상에서 생리적 반응을 유도하는 가장 핵심적인 주체는 바로 리듬이다. 우리의 신체는 고유의 리듬을 가지고 있으며, 생득적인 관계를 맺고 있다. 생리적 리듬은 항상성을 반영하는데 바로 안정된 맥박 수, 강도 등을 말한다. 호흡과 맞물려서 기능하는 심장박동, 이와 연결된 규칙적인 맥박, 그 결과로 온몸에 전달되는 진동과 공명이 바로 신체 리듬이다.

음악을 감상할 때 우리 안에서도 신체 리듬의 변화가 일어나는데 이를 '동조화(entrainment)'라고 한다. 여기서 동조화란 2~3개의 리듬 패턴이 하나의 리듬 패턴에 맞추어져 통합된 패턴을 이루는 과정을 의미한다. 동조화 과정에서는 약한 주파수가 더 강한 주파수의 진동을 따라가는데, 한 예로 우리의 심장박동보다 더 빠른 템포의 곡을 감상할 때 우리의 신체 리듬은 음악의 리듬에 동조화되어 심장박동과 호흡이 빨라진다.

음악의 동조화 기제는 우리의 생리적 항상성을 유지하고 복원하도록 도와주기도 한다. 각성되었을 때 진정시키는 음악을 감상할 수도 있고, 무기력할 때 에너지를 자극하는 음악을 감상할 수도 있다. 감상자가 원하는 상태로 음악을 선곡해서 생리적 동조화를 유도하는 것이다. 이렇듯 음악과 인간이 만나는 대표적인 채널(channel)이 리듬이다. 인간의 호흡이 리드미컬하게 이어지고 맥박이 규칙적으로 뛰듯이, 음악도 시간성에 근거한 리듬적 틀 위에 존재한다. 이렇게 인간은 리듬을 통해 음악과 하나가 될 수 있다.

2. 감상의 인지적 프로세스

음악은 소리로 구성되어 있으며 청각 신경을 통해 뇌에 전달되고 지각, 인지된다. 음악 지각에 대한 전체적인 과정은 리듬 조직화, 선율 인지, 음악적 형식에 대한 이해 및 예측 등이 포함된다(Radocy & Boyle, 1997). 이러한 청각적 정보의 지각 과정은 하나의 연계 선상에서 복합적으로 이루어지기 때문에 간단히 설명하기가 쉽지 않다. 여기에서 지각(perception)은 자극을 탐지하기 위해 최대한 많은 감각 정보를 수집하여 처리하는 것인데, 이 과정에서 중요한 요소들은 받아들이고 그 외는 무시한다. 받아들인 자극은 의미를 부여받는데, 이때 의미는 객관적인 실제와 우리가 가지고 있는 지식 두 가지 모두에 근거한다. 감상자의 음악적 배경과 환경에 따라 선택적으로 걸러지는데, 이러한 과정에서 감상자의 인지(cognition) 기능이 작동한다. 즉, 정보를 받아들이고 의미를 부여하고, 이해하고, 기억에 저장하고 재인출하는 모든 과정은 감각 지각 처리와 동시에 이루어진다고 볼 수 있다.

음악 감상 중 감상자는 제시된 여러 소리 정보 중에서도 능동적으로 특정 소리에 집중하고, 음악이 전개되는 동안 도식(스키마)을 형성하며, 이를 토대로 다음 전개를 예측하면서 집중도를 이어 간다. 여기서 집중되는 소리의 인식 과정은 지식 구조, 도식 그리고 과거에 어느 정도 유사한 소리 정보를 경험했는지에 따라 영향을 받는다(Lipscomb, 1996).

감상자는 과거에 학습하고 경험한 것을 기반으로 새로운 것을 해석하고 받아들이는데, 음악 감상의 경우도 자극과 반응, 음악에 대한 기대도, 이에 대한 정서적 반응, 결과적 보상감 등의 정신적 행동을 수반한다(Lipscomb, 1996). 감상자에 따라 음악을 들을 때 특별히 집중하는 요소가 있을 것이며 이는 과거 경험을 통해 형성된 지식 구조나 도식에 따라 그 반응이 결정된다. 친숙한 음악이면 긍정적 반응을, 새로운 음악이지만 난이도가 적절한 수준이면 긍정적 반응을, 반대로 난이도나 음악의 복잡성이 지나치게 강하면 거부하는 부정적 반응이 나올 수 있다. 이는 음악을 구성하는 리듬과 선율 모두 이전의 감상 경험을 통해 장기 기억에 저장되고 자신의 도식에 귀착되기 때문이다. 한 예로, 인도 민속 음악을 처음 들었을 때 우리가 그 음악에 매료되거나 심미적 경험으로 받아들일 확률은 비교적 낮은 편이다. 오히려 인도 민속 음악보다 중동 음악이 더 친근할 수 있다. 이는 인도 음계가 반음/온음의 음정을 가진 서양 음악과 달리 더 분할된 간격의 친숙하지 않은 마이크로 조성(micro tonality)을 쓰기 때문이다.

음악 지각에 대한 이해는 형태주의 이론가들의 연구를 통해 개념화되기 시작하였다. 인간은 감각적으로 수용된 정보를 특정 형태나 관계를 중심으로 조직하려는 선천적인 경향이 있는데, 가능한 한 소리 정보들을 의미 있는 전체로 이해하고자 하는 시도에서 음악을 설명하였다. 게슈탈트(gestalt)는 독일어로 '형태' 또는 '윤곽'을 뜻한다. 형태주의 이론가들은 인간이 음악의 형태를 어떻게 이해하는지, 또한 어떻게 부분과 전체를 인지해 나가는지 밝히기 위해 노력해 왔다.

음악 정보의 인지적 과정을 설명한 게슈탈트 원리에는 대표적으로 근접성의 원리, 유사성의 원리, 완결성/잉여성의 원리, 단순성의 원리, 대비 원리 등이 있다. 간단히 각 원리를 설명하면 근접성의 원리는 음악을 구성하는 음들을 시간적으로 근접한 것과 공간적으로 근접한 것끼리 묶어서 이해하고자 하는 인지적 기제를 말한다. 높은 음역대의 소리와 낮은 음역대의 소리를 분리하여 인식하는 것이 하나의 예가 될 수 있겠고(a), 음고와는 무관하게 16분 음표끼리, 또는 8분 음표끼리 덩이를 짓는 것도 또 다른 예가 될 수 있다(b) (〈악보 6-1〉 참조). 유사성의 원리는 음의 질이나 속성 또는 형태를 묶어서

이해하는 기제인데, 오케스트라 음악을 들을 때 현악은 현악기들로, 관악은
관악기들로, 타악은 타악기들끼리 분류되어 들리는 것을 말한다. 그리고 완
결성/잉여성의 원리는 기존의 제시된 음들을 토대로 이후의 구성을 완성하
고자 하는 인지적 기술을 의미한다. 단순성의 원리는 이렇게 덩이 지은 내용
을 가능한 한 단순화하여 기억에 저장하고자 하는 기제이며, 마지막으로 대
비 원리는 대립하는 내용을 균형감 있게 배치하는 기제를 의미한다. 음악에
서는 상향 선율과 하향 선율을 예로 들 수 있다.

〈악보 6-1〉 근접성의 원리의 예

a. 근접성의 원리(선율): 슈베르트의 〈즉흥곡 142-3(Impromptu Op. 142, No. 3, Var. 1)〉

b. 근접성의 원리(리듬): 모차르트의 〈피아노 소나타(Piano Sonata No. 11, K. 331)〉

이러한 감상 활동의 인지적 프로세스는 역으로 감상자의 인지 기술을 강
화하는 데 매우 효과적으로 사용된다. 한 예로, 노래 활동에서 사용하는
'-1(마이너스 원)' 기법은 완결성의 원리를 접목한 것이다. 선율의 앞부분을
들려주고 2분 음표의 '별'과 '네'는 아동이 맺도록 하는 전략이다. 이러한 전
략은 아동이 선율의 전체 흐름(하향과 종지)을 인지하고 있고 어떤 음이 오는
지를 알고 있을 때, 곡을 완성하는 음악적 과제 수행을 유도한다(〈악보 6-2〉
참조).

〈악보 6-2〉 -1(마이너스 원) 기법의 예: 〈작은 별(Twinkle Twinkle Little Star)〉

윤석중 작사, 프랑스 민요

반 짝 반 짝 작 은 별 아 름 답 게 비 치 네

감상의 인지적 처리에서 가장 중요한 것은 전경과 배경을 분리하는 작업이다. 형태 심리학에서는 인간에게 선천적으로 전경과 배경을 분리하려는 능력이 내재되어 있다고 한다(이석원, 1994). 음악을 구성하는 수많은 음을 듣고 이해하는 데는 매우 고차원적인 지적 능력이 요구되며, 이러한 지적 능력은 인간이 지닌 놀라운 조직화 기술을 바탕으로 한다. 눈에 보이지 않으면서 일시적으로 나타났다가 사라져 버리는 수많은 소리 정보를 전경과 배경으로 구분하는 능력, 그 정보를 즉각적으로 지각, 이해하고 의미를 부여할 수 있는 것은 메타 인지적 능력이라고도 볼 수 있다. 음악을 이해하는 데 필요한 이러한 추상적 사고력은 음악이 인간의 지능발달을 촉진한다는 이론을 뒷받침하기도 한다.

3. 감상의 심미적 반응

마이어(Meyer)와 벌라인(Berlyne)은 음악적 전개에 따른 감상자의 각성이 어디에서 어떻게 기인하는지 살펴본 대표적인 학자들로, 매우 다르면서도 유사한 개념을 제안하였다. 두 학자 모두 각성을 언급하는데, 여기서 각성이란 인지적 텐션(tension)을 동반한 신체에서 경험되는 에너지 상승과 기존 항상성의 변화를 의미한다. 각성은 심미적이거나 유쾌한 자극에도 고조되지만, 불쾌한 자극에도 고조될 수 있다.

음악과 각성의 관계를 설명하는 이론은 크게 두 가지 시각, 즉 절대주의적(absolutist) 시각과 관련주의적(referentialist) 시각으로 나뉜다. 절대주의자들

은 음악을 구성하는 요소적 속성과 구조, 전개 특성에 따라서 감상자의 반응
이 결정된다고 본다. 하지만 관련주의자들은 음악 자체보다 감상자의 경험
과 음악 수용 능력, 감상 수준 등에 따라 감상자의 반응이 결정된다고 본다
(Meyer, 1956). 또한 절대주의자는 음악의 심미적 의미와 가치가 음악 자체에
존재한다고 보는 반면, 관련주의자는 음악의 의미가 그 음악과 관련된 외적
인 것들에 의해 결정된다고 본다. 더 나아가 절대주의자들은 형식주의자와
표현주의자로 분류될 수 있는데, 형식주의자는 지식 또는 지능 차원에서 음
악 경험을 설명하고 표현주의자는 음악에 대한 감상자의 느낌과 감정에 근
거하여 설명한다.

1) 마이어의 기대 이론

마이어는 음악과 철학을 연구한 학자로서, 음악의 의미와 그와 관련된 정
서를 연구하기 위해 인지 심리학과 음악 이론을 접목한 다양한 주제를 연구
해 왔다. 특히 음악의 의미가 어디에서 오는지 연구해 온 그는 절대주의적
철학, 그 안에서도 표현주의적 시각을 가지고 있는데, 이러한 시각에 근거하
여 기대 이론을 내놓았다(Meyer, 1956). 선율과 리듬 등은 음악이 전개되면서
변화하는 요소들인데, 감상자는 음악을 감상하면서 그 전개를 예측하고 이
러한 예측 충족에 대한 기대 심리를 갖게 된다. 음악의 흐름과 함께 이러한
예측과 기대가 맞아 들어가면 충족감을 얻는데, 충족되는 시점이 지연되면
지연될수록 이에 대한 긴장과 각성이 고조되고 이후에 오는 충족감이 더 커
진다. 즉, 기대가 충족되지 않아서 일어나는 긴장이 크면 클수록 해결된 이
후에 경험하는 정서 해소의 영향이 크다는 것이다(Meyer, 1956).

마이어는 듀이(Dewey)와 맥커디(MacCurdy)의 '정서의 법칙(law of affect)'
에 근거하여 기대 이론의 논거를 구축하였는데, 이 법칙에서는 욕구에 대한
반응이 지연되면 정서가 자극받는다고 하였다. 인간은 어떠한 내용이나 상
황이 모호하거나 혼란스러운 경우 이를 명확하게 하려는 성향(tendency)을

가지고 있는데, 이러한 성향으로 인해 모호성을 해결하고자 하는 의지가 강해진다. 하지만 강한 해결 의지와 상관없이 자극에 대한 명료한 이해가 지연될수록 텐션은 더욱 높아질 수밖에 없다. 음악의 경우 예측과 다른 전개를 보이거나 불명확하면 감상자 입장에서는 음악에 대한 '무지함'과 '무기력감(feeling out of control)'이 야기되고, 불쾌감이 유발된다. 이는 곧 음악을 감상하는 동안 감상자의 정동적 경험이 음악적 지식과 선호에 따라 달라질 수 있다는 의미다.

다음에 제시된 쇼팽의 〈마주르카 1번(Mazurka Op. 7, No. 1)〉을 보면, 주선율에 이어지는 발췌된 8마디의 선율 전개로 갑자기 비예측적이고 모호하게 진행된다. 사람들은 이 8마디의 선율이 진행되는 동안 보다 명료한 음악적 전개와 해결을 기다리며 감상하게 된다. 그러다가 9마디와 10마디에 기존에 들었던 주선율이 다시 제시되면, 친숙한 내용에 대한 예측성과 모호함 해결에 대한 기대 심리가 충족되는 것이다(〈악보 6-3〉 참조).

〈악보 6-3〉 예측과 기대 충족의 예: 쇼팽의 〈마주르카 1번〉

해결이 지연되는 동안 각성이 일어나지만, 일정한 시간 동안 지연되었다가 주어지는 해결은 한층 고조된 보상감을 경험하게 한다.

2) 벌라인의 보상(hedonic) 이론

마이어가 음악적 예측성과 기대 심리를 중심으로 음악에 대한 정서 반응을 설명했듯이, 벌라인 역시 음악 난이도에 대한 보상감과 혐오감을 중심으로 음악의 정서 반응을 설명하였다. 벌라인(1971)은 감상자가 음악의 내용적 복잡성, 친근함, 신선함을 염두에 두고 감상하는데, 어느 정도의 친근함을 얻어 내느냐에 따라 음악의 선호 수준이 결정된다고 주장하였다. 만약 그 음악이 매우 생소한 음악이라면 미적 가치를 낮게 판단하고, 친근함이 높을수록 가치가 상향 조정된다. 그러나 어느 수준 이상의 친숙함이 느껴지면 다시 선호 수준은 낮아지는데, 이러한 현상을 ∩자형으로 표현하였다([그림 6-1] 참조).

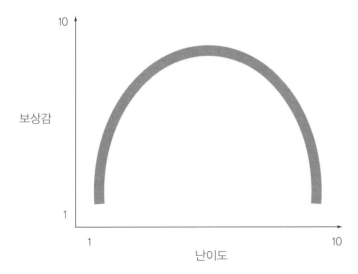

[그림 6-1] 음악의 난이도와 보상감의 ∩자형 관계

벌라인에 의하면 감상에서 각성은 매우 중요한 요소다. 모든 사람은 감상하는 동안 각성 상태를 어느 정도 유지하고자 하는데, 각성을 유지하기 위해서는 적절한 수준의 친숙함과 복잡성이 음악에 내재되어 있어야 한다. 음악이 너무 단순하면 보상감을 느끼기 어렵고, 동시에 너무 복잡하여 이해하기 어려워도 보상감을 느끼기 어렵기 때문이다. 보상감은 나름의 예측이 적중했을 때 얻어지므로, 음악에 대해 기본적인 지식만을 가지고 있는 감상자라면 음악적 복잡성이 비교적 낮은 곡을 선호할 것이고, 반대로 음악 교육과 훈련을 한 감상자라면 어느 정도의 복잡성이 갖춰진 곡을 선호할 것이다.

개인적인 음악적 배경과 각성 반응에 대한 벌라인의 이러한 이론은 음악치료에서도 왜 감상자에 따라 각기 다른 반응이 나타나는지에 대한 부가적 설명이 될 수 있다(Weinberger, 1998). 다음 예는 〈클레멘타인(Oh My Darling, Clementine)〉의 두 버전이다. A 버전은 비교적 난이도가 낮고, B 버전은 난이도가 조금 더 높다. 감상자에 따라서 이 두 버전에 대한 선호도는 달라질 텐데, 이는 감상자의 음악적 이해도에 따라서 그 심미성을 결정하는 기준이 다르기 때문이다(〈악보 6-4〉 참조).

〈악보 6-4〉 난이도와 선호도의 예

대중은 한 번 접해 본 예전의 곡을 다시 리메이크해서 발표된 곡 또는 기존 선율을 다른 장르의 음악적 스타일로 편곡한 곡에 우호적인 반응을 보

인다. 이러한 곡들은 예전에 인기를 얻었던 곡이라서 기본적으로 친숙한
데다가, 새로운 편곡과 스타일로 인해 다른 차원의 신선함이 접목되어 사람
들이 선호할 가능성이 크기 때문이다. 이러한 음악적 예시는 벌라인의 최적
복잡성 개념에 매우 부합한 예시라고 할 수 있다.

4. 감상의 정서 조율 기능

　인간의 감정을 다루는 음악치료에서는 단어 선정 및 의미 전달이 매우 중
요하다. 그중에서도 영어 단어인 'emotion'은 한국어로 '정서'와 '감정', 두 단
어로 번역되어서 혼용되고 있다. 하지만 정서와 감정은 그 속성이 매우 다
르다. 심리학 분야에서도 'emotion'을 '정서'로 번역해서 사용하는 경우가
많지만, 실제 'emotion'은 '감정'으로 번역하는 것이 더욱 적합하다. 정서는
'affect'로, 'emotion'은 감정으로 사용하는 것이 적절하다. 정서는 감상자의
전반적인 기분 상태와 관련된 단어라면, 감정은 행동을 촉구하는 동적인 에
너지가 운동 감각적(kinesthetic)으로 또는 신체 감각적(somatic)으로 경험되
는 순간과 상태를 의미한다. 그러므로 경험하는 정서 자극의 강도와 유형에
따라 두 단어가 선택적으로 사용될 필요가 있다.

　음악은 감정의 도구로 불릴 만큼 다양한 인간의 감정과 만난다. 감상할 때
체험하는 감정과 정서는 먼저 몸에서 감각적으로 느껴진다. 인간이 성장하
면서 겪는 모든 것은 감정과 정서를 동반하는데, 음악은 이전에 해결되었거
나 아직 해결되지 않은 정서와 만나게 해 주는 효과적인 매개체다. 음악 감상
을 통해 인간은 넓고 깊은 수준의 심상 경험을 할 수 있다. 감상하는 동안 슬
픔, 기쁨, 각성, 흥분, 공포 등의 다양한 감정을 경험할 수 있고, 경험된 감정
은 가슴 또는 머리, 그 외 신체 부위의 다양한 '감각적인' 반응을 수반한다.

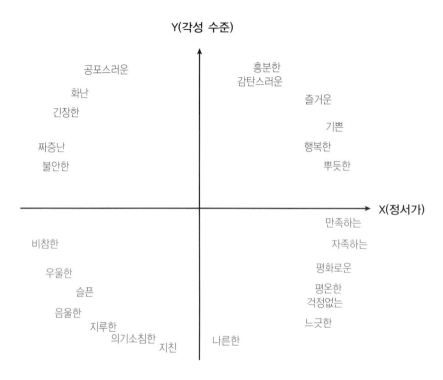

Y(각성 수준)

공포스러운

화난

긴장한

짜증난

불안한

흥분한
감탄스러운

즐거운

기쁜

행복한

뿌듯한

X(정서가)

만족하는

자족하는

평화로운

평온한
걱정없는

느긋한

비참한

우울한

슬픈

음울한
지루한

의기소침한

지친

나른한

[그림 6-2] 정서의 차원적 속성

출처: Russell (2003).

그동안 인간의 정서를 설명하는 다양한 연구와 이론적 시도가 있었다. 인간의 정서를 서술·구분·사정·평가하기 위해 정량적 및 정성적 연구가 이어져 왔는데, 여러 이론 중에서도 음악에서의 정서를 논함에 있어 가장 적합한 이론은 정서 차원 모델이다(Russell, 2003). 정서 차원 모델은 인간의 정서적 범위와 속성 및 강도를 두 차원으로 보여 준다. 우선 Y축은 각성(arousal) 수준을 보여 주는 축으로, 내려갈수록 낮은 에너지 수준을 가리키고 올라갈수록 높은 에너지(각성) 수준을 보여 준다. X축은 정서가(valence)를 가리키는데 왼쪽으로는 부정적인 정서가를, 오른쪽으로는 긍정적인 정서가를 말한다.

정서에 대한 기존의 정의가 많이 있지만 제임스(James, 1950)는 어떠한 상황이나 대상을 대면하거나 경험했을 때, 이에 따른 신체적 반응이 먼저 오고 이를 근거로 그 정서를 규명할 수 있다고 하였다. 한 예로, 위협적인 상황에 처했을 때 입 안이 마르고, 심장이 뛰고, 손에 땀이 차는 등의 신체적 반응이 보이면 이는 극도의 불안감을 나타낸다고 할 수 있다. 음악 감상 시에는 몸에서 일어나는 감각적 반응을 지각하고 각성이 어떻게 일어나는지를 하나하나 느껴 보는 것이 중요하다.

그렇다면 이러한 것들이 음악과는 어떠한 관계가 있을까? 음악에 대한 감각적 반응과 이를 통해 규명되는 정서는 개인적으로 다르다. 흔히 "이 음악은 어떠한 느낌을 주나요?(How does this music make you feel?)"라고 묻는다면, 감상자는 음악에 따라 따뜻하고 포근한 느낌, 침울하고 가라앉는 느낌 또는 어딘가 두려운 느낌 등 음악의 요소적 특징에 따라 지각된 느낌을 이야기할 것이다. 이러한 감각적 반응을 근거로, 공포 영화에서는 불협화음, 전쟁 영화에서는 무거운 음악, 인생 역전 휴먼 드라마에서는 서곡 또는 행진곡 등을 해당 줄거리에 부합하는 정서를 유도하기 위해 사용한다. 실제로 공포 영화에서 불협음악의 사용은 매우 효과적이다. 한 예로, 리듬은 심장박동을 자극하고 이로 인해 흥분, 환기, 생동감 등 다양한 정서가 동시다발적으로 경험된다.

인간이 경험하는 그 정서가와 각성 수준이 다양하다. 우리는 침체되고 무거운 부정적인 정서에서부터 날아갈 듯 가벼운 긍정적인 정서를 체험하며, 많은 경우 부정적인 정서는 일상에서 우리의 온전한 기능을 방해하고 역기능적 영향을 미친다. 우리가 긍정적인 정서 상태일 때 어떤 외부의 자극과 도전을 경험한다면 기꺼이 문제를 해결할 수 있는 심리적인 힘과 만나지만, 부정적인 상태에 매몰되어 있을 때 이러한 감정과 만난다면 대응력을 상실할 수 있다(Katsh & Merle-Fishman, 1998). 그러므로 음악은 우리의 정서적 건강을 도모할 수 있는 실제적인 도구로 활용할 수 있다.

정서 조율(affect regulation)은 부정적인 감정을 긍정화하고 평정심으로 복원하기 위한 전략이다. 부정적인 정서에 매몰되어서 일상의 기능을 상실하는 경우 음악에 동조화되는 내재된 성향을 활용하여 정서적 항상성을 복원할 수 있게 조율해 주는 것이다. [그림 6-3]을 보면 가운데 영역(zone)은 조율된 정서 영역인 반면, 그 위쪽은 에너지 고조로 각성된 상태, 아래쪽은 에너지 고갈로 무기력해진 상태를 가리킨다. 우리는 외부의 어떠한 자극으로 인해 평정 영역에서 이탈하여 극히 고조된 각성 상태나 무기력한 우울감을 경험할 때가 있다. 이에 음악의 힘을 빌려 평정심에 머물 수 있는 영역을 확장하는 것이다.

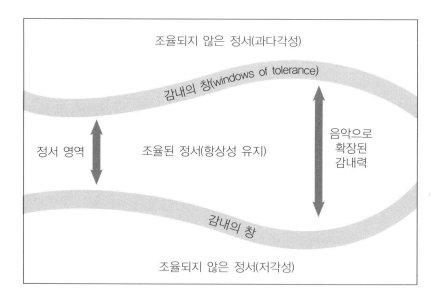

[그림 6-3] 조율된 정서 영역과 조율이 안 된 정서 영역

출처: Chong (2019).

[그림 6-4]는 두 축에 근거한 정서 차원과 일치(matching)하는 음악 요소적 특성을 제시하고 있다. 정서 조율에서 가장 중요한 개념은 동질성의 원리를 활용하여 현재 정서를 일차적으로 알아채고 이후 점차 원하는 방향으로 정서를 유도하는 것이다. 그러므로 먼저 현재의 정서와 일치하는 곡을 선곡하여 감상하고 그 정서와 충분히 대면한 후 원하는 방향으로 음악을 재선곡하

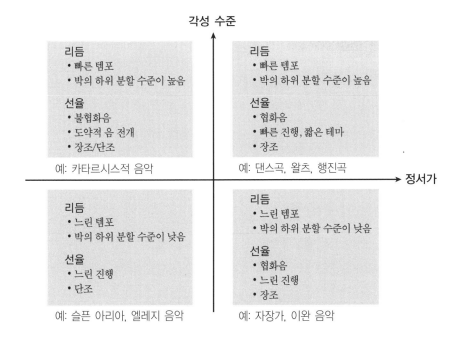

[그림 6-4] 정서 차원 모델과 음악 요소적 특성

는 것이 필요하다.

정서 조율의 과정을 단계적으로 제시하면 [그림 6-5]와 같다. 1단계에서
는 먼저 자신의 정서를 규명한다. 지각되는 정서를 인식하고 충분히 그 정서
와 만나면서 수용한다. 2단계에서는 그 정서와 가장 잘 어울리는 음악을 선
곡해서 음악 안에서 기존의 정서를 탐색하고 심화한다. 그 정서에 담긴 다
른 속성이나 색깔의 감정들도 충분히 음악 안에서 느껴 본다. 3단계에서는
원하는 정서를 떠올리고 그 방향성에 부합하는 음악을 선곡한다. 새롭게 느
껴 보고자 하는 정서의 에너지 수준을 리듬으로 환산하고, 감정 또는 분위기
를 선율로 환산해서 두 요소적 특성과 가장 가까운 음악을 선곡한다. 선곡된
곡을 감상하면서 새로운 정서를 수용하고 음악 안에서 확인하는 시간을 갖
는다(Chong, 2019).

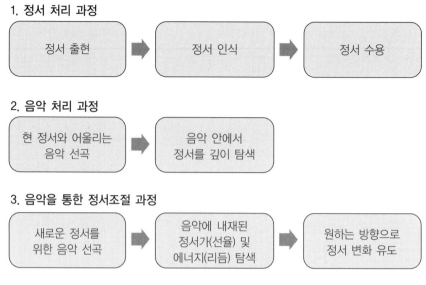

[그림 6-5] 음악과 정서 조율 단계

감정 기술(emotional skill)은 성장하면서 건강한 성인으로 살아가는 데 매우 중요한 역량으로, 감정을 인식할 수 있는 능력이자 이에 매몰되지 않고 대응하며 적절하게 감당할 수 있는 능력이다. 예를 들어, 우리가 분노를 경험할 때 감정적으로는 얼마든지 분노할 수 있지만 행동적으로 물건을 훼손하거나 언어적으로 소리를 지르거나 할 필요는 없다. 즉, 감정과 행동, 언어를 분리할 수 있어야 한다. 이처럼 내 안에서 인식되는 감정에 매몰되지 않고 대면할 수 있는 힘, 이를 적절히 조율할 수 있는 힘이 바로 감정 기술이고 이에 필요한 음악을 활용할 수 있는 능력이 '음악적 감정 기술(music emotional skill)'이다. 이러한 감정 기술은 자신의 정서를 섬세하게 파악하는 것에서부터 시작된다. 이후 음악이 지닌 동조화 기제를 활용하여 기분과 감정을 조율하는 것이 곧 정서 조율의 전략이다.

5. 감상의 정신역동적 기능

정신역동적 시각에서는 인간과 음악의 관계를 이해하기 위해 음악을 인간이 환경에서 상호 작용하는 하나의 대상으로 간주하고, 음악과 인간에 내재된 역동적 관계를 개별적으로 분석한다. 음악을 감상하는 동안 발생하는 인간과 음악의 상호 작용을 심리적 기능과 관련지어 설명할 수 있는데, 여기서 심리적 기능은 또다시 일차적 차원과 이차적 차원으로 그 기능을 세분화할 수 있다. 일차적 차원의 심리 기능은 가장 원천적인 형태의 감정 혹은 긴장이 직접 분출되거나 표현되는 것을 의미한다. 일차적 심리 기능이 직접적인 접근(access)을 통해 감정을 해결하는 것이라면, 이차적 차원의 심리 기능은 감정이나 긴장을 판단과 사고, 논리적 문제 해결이라는 인지적 과정을 통해 조절하고 해소하는 것을 말한다.

인간은 이 두 가지 기능을 조율하면서 살아간다. 일차적 차원에서는 현실에서 충족되지 못한 것을 꿈과 공상을 통해 다루는 반면, 이차적 차원에서는 적절한 수준에서 이러한 결핍을 해소하고 타협하는 이성적 기능을 수행한다.

감상의 첫 번째 정신역동적 의미는 음악 경험이 두 과정(process), 즉 일차적 및 이차적 욕구를 동시에 충족시켜 준다는 것이다. 음악에서 리듬은 매우 본능적이며 충동적인 속성을 가지고 있지만 박자와 분할 등은 인지적 사고를 촉진한다. 선율도 마찬가지다. 선율에 인간의 감정과 심리적 정서를 다루는 일차적 속성이 있다면, 선율의 전개를 통해 주제를 전달하는 이성적인 부분은 이차적 속성이라고 할 수 있다. 정리하면 음악은 일차적 차원과 이차적 차원 모두에서 동시에 통합적으로 기능한다(Kohut, 1951).

일차적 차원에서의 감상 경험을 좀 더 자세히 살펴보면, 감상은 인간에 내재된 긴장과 같은 부적 에너지를 해소해 주는 기능을 한다. 인간의 자아가 발달하기 전, 다시 말해서 대상에 대한 인식이 불분명하고 언어를 미처 습득하지 못한 단계에서는 심리적 긴장 또는 각성이 직접 발산된다. 즉, 느끼는 그대로의 감정을 표현하고자 하는 방식대로 해소하는 것이다. 하지만 성장하면서 자아가 형성되고, 환경과 타인을 인식하게 되며, 언어가 발달하면서 이전과는 다른 소통 방법을 배우게 된다. 달라진 소통 방법으로 인해, 느끼는 그대로의 감정을 모두 다 표현하지 못하게 되면서 정서적인 해소가 더 어려워질 수 있다. 이에 감상은 내재된 불안을 해소하는 방법의 하나로 작용할 수 있다(Freud, 1922). 음악 전개에 따른 긴장과 에너지를 재경험하면서 음악적 해결과 함께 미해결된 채 남아 있던 내면의 불안도 해소되는 현상을 경험하는 것이다.

그렇다면 음악에서 '긴장[1]'이 해소된다는 것은 어떠한 것일까? 인간은 예측할 수 없는 것, 조직화되지 않는 것에 공포감이 있는데, 불협화음에서 협화음으로 진행될 때, 조직화되지 않은 불협화음에서 느꼈던 불편함이 협화음으로 전개되면서 긴장이 해소된다. 현실에서든 음악 내에서든 자아는 외부 및 내부 세계의 문제들을 해결하고자 하며, 이러한 문제 해결 과정은 만족감과 성취감 등을 동반한다.

음악심리치료에서 일컫는 '작업'은 외부세계의 사건(episode) 또는 현실적인 이슈에서 발생한 정서적 긴장을 음악 안에서 다루면서 그 사건과 관련된 긴장을 해소하는 작업이다. 음악적 전개는 현실에서 충족되지 못하는 보상감을 경험하게 해 주는 장(field)을 제공한다고 할 수 있다. 심리적인 문제는 신체적으로 표현되기보다는 심리적 차원에서 해소하는 것이 바람직한데, 음악은 심리적 긴장감과 내재된 부적 정서를 승화시키고 능숙하게 다루기 위한 효과적인 매개체로 사용될 수 있다.

감상의 두 번째 정신역동적 의미는 감상자의 무의식 또는 내면이 음악에 투영된다는 것이다. 음악에 대한 감상자의 반응을 살펴봄으로써 그 사람의 개인 내적 성격 구조, 즉 원초아(id), 자아, 초자아 등 개인 내적 관계의 역동

---

1) 여기서 긴장이란 심리적 텐션을 의미한다.

을 다각적으로 살피고 분석할 수 있다. 리듬, 선율, 음계, 음색, 형식과 같은 음악 내적 요소를 통해 투사된 음악적 의미, 은유(metaphor), 원형(archtype)을 탐색해 볼 수 있다. 특히 인간의 성격 구조를 음악 내적 요인에 반영할 수 있는데, 그것이 인간의 정신세계(psyche)를 운영하는 원초아, 자아, 초자아다. 원초아는 본능적인 힘, 욕구, 충동과 관련 있는 반면, 자아는 보다 현실적이고 이성적으로 상황을 처리하는 기능과 관련 있다. 자아는 원초아보다 더 의식적인 구조이며, 욕구 충족에 대한 충동과 현실을 중간에서 중재하기 때문이다. 초자아는 윤리, 도덕, 교육, 문화적 통념 등을 의식하는 구조이며, 성장 과정에서 부모와 집단으로부터 습득된다.

예를 들어, 어떤 소년이 행사장에서 맛있는 케이크를 보았다고 하자. 소년의 원초아는 먹고 싶은 강한 충동으로 손을 뻗어 케이크를 집으라고 할 것이다. 이때 초자아가 개입하면서 "먹으면 안 돼."라고 이야기한다. 이 두 갈등 사이에서 자아는 다음과 같이 중재할 수 있다. "지금 먹을 것인가? 아니면 언제 먹을 수 있는지 먼저 물어보고 적절한 타이밍을 확인하자."라고 하면서 관계자를 찾을 수 있다. 여기에서 자아가 초자아와 원초아 사이에 중재 역할을 한 것이다. 그렇다면 음악에서는 이 부분이 어떻게 접목될까? 리듬이 강렬하거나 자장가처럼 진정시켜 주는 정서적 특성이 강한 음악(원초아적)에 끌리는지, 아니면 음악적 규율과 형식을 완벽하게 잘 반영한 음악적 완성도가 높은 곡을 추구하는지(초아자적), 아니면 한 곡 안에 이 두 가지가 잘 균형을 이룬 음악에 끌리는지(자아) 등 음악을 통해 감상자의 내적 욕구와 성격적 역동성을 읽을 수 있다.

감상은 앞서 이야기한 일차적 및 이차적 차원의 심리적 기능을 수행함과 동시에 인간이 추구하는 규율, 절제, 통제 등의 초자아적 필요를 충족시켜 준다. 음악은 리듬의 배경적 구조, 조성적 구조, 박자의 통제감 등 분명한 틀과 규율 그리고 예측적인 도식에 순응하게 만드는데, 이러한 행동은 초자아를 충족시켜 주는 음악 행동의 하나다. 특히 바로크 시대 작곡가인 바흐는 이러한 음악적 초자아를 강하게 부각한 음악을 많이 작곡하였다. 그의 음악을 보면 리듬이 매우 정교하고, 조성적으로 규율에 맞게 전조되며, 대위되는 선율의 관계나 그 선율 사이의 상호 작용이 매우 조직적이다. 이런 이유로 정신 분석학자들은 바흐를 '음악으로 승화된 초자아상(musical super-ego figure)'의 대표적인 작곡가라고 부른다. 연주자가 악보에 채보된 대로 연주하고, 제시된 지시어를 지키면서 작곡자의 의도에 부응하는 것도 일종의 초자아적 행위다. 또한 종교 음악이나 윤리를 고양하는 건전한 음악을 들으면서 스스로 도덕심을 강화하는 것 역시 초자아적 행동이라고 볼 수 있다.

6. 감상의 초월심리적 기능

인간의 정신세계 규명 및 치유에 폭넓게 적용되는 정신 분석이 태동한 이래로, 수많은 심리학파들이 심리학의 체계를 구성해 왔다. 심리학의 제4세력이라고 불리는 초월심리학은 존재의 본질에 대한 깨우침과 직관을 통해 자신의 참 본성을 자각하는 것에서부터 시작된다. 초월심리학에서는 모든 인간이 자연스러운 치유 과정을 통해 독립적으로 성장하고 발전할 수 있는 잠재력을 지니고 있다고 본다. 초월심리학에서 강조하는 주요 개념 중 하나인 자기 초월은 인간이 겉모습이 아닌 실상과 본성을 깨닫는 경지에 이르게 되면서 스스로 진실을 체득하게 되는 것을 의미한다.

초월적 음악 감상에서는 자기 존재가 무엇이고, 무엇을 실현하고자 하는지에 대한 탐색, 이와 관련된 영적 에너지를 만나고 힘을 발견하기 위해 음악을 도구로 활용한다. 현실적 문제에 매몰되지 않고 음악을 통해 오롯이 자신에게 집중하면서 내재된 감정과 억압된 정서들을 규명하고 표면화하는데, 이러한 과정은 음악 내 조화와 그 역동적 힘을 자신의 자원으로 수용하게 돕는다.

더 나아가 심층적 음악 감상은 내면세계를 탐색함으로써, 자신의 존재(being)를 다양한 원형과 심상의 형태로 경험하고, 전체적인 시각과 좀 더 깊이 있는 이해를 가능하게 한다. 감상 중심의 음악심리치료 기법인 GIM의 창

시자 헬렌 보니(Bonny, 1989)는 음악을 통해 우리의 상상적 세계를 탐색하고 규명해 낼 수 있다고 하였다. 또한 음악은 통찰을 가능하게 하고, 창의성을 만나게 해 주며, 우리 안에 내재한 불균형과 극단적 에너지를 중재하고 통합하는 힘을 가지고 있다고 하였다. 즉, 음악은 억압된 감정으로 인해 불안정하거나, 여러 가지 복잡한 생각으로 인해 혼란스러운 내면을 정돈해 주는 역할을 한다.

감상을 통해 이러한 초월적 작업이 가능한 것은 음악이 전치된 의식(altered state of consciousness)을 유도하고 의식의 범위와 경계를 넘어서게 해 주기 때문이다. 음악에의 몰입은 의식 아래 있는 개인의 내재된 감정과 감각을 만나게 해 준다. 외적 자극인 음악은 자기 내면과 적극적인 교감을 매개하는 중간 대상이 되어 주는데, 이렇게 음악을 통해 자신과 만나는 것을 '자기교감(self-empathy)'이라 한다. 음악 내 화음 구성과 전개는 우리 안의 에너지를 움직이게 하여, 동시에 또는 순차적으로 내적 흐름을 바꾸어 준다. 즉, 우리 내면을 '이 상태(here)-다른 상태(there)'로 움직이도록 하는 동력을 제공한다. 음악을 경청하면서 적극적으로 음악과 교감하는 것은 그동안 탐색하지 못했던 자신의 미지의 부분들과 접촉하게 해 준다. 이 과정에서 감상자는 자기 자신, 타인과의 관계 및 삶에 대한 새로운 시각과 깨달음을 얻게 된다. 치료적 맥락에서는 이 개념을 의식에서 아직 다루어지지 않은 '미지의 자기(not-me)'로의 확장이라고 부른다(Summer, 1988).

감상심리치료 기법의 하나인 음악심상유도 기법(Guided Imagery and Music: GIM)을 통해 초월적 반응에 관한 치료적 사례 및 원리가 자주 보고되는데, 이를 영적인 여정(spiritual journey)이라고 한다(Kasayka, 2002). 키너크(Kinerk, 1981)는 치료에서 경험하는 개인의 영성(spirituality)이란 "거짓 자기로부터 진실된 자기 존재로 성장하는 변증법적 표현(expression of a dialectical personal growth from inauthentic to the authentic)"이라고 하였다. 서머(Summer, 1988)는 "우리는 우리가 상상하기 나름이다(we are who we imagine)."라고 강조하면서 음악이야말로 현실 세계에서 벗어나 내면세계의 무한한 가능성과 자기실현을 가능케 하는 역량을 만나게 해 준다고 하였다. 현실은 한계에 부딪히지만 음악과 개인의 상상력은 한계가 없기 때문이다. 즉, 내면세계에서는 모든 해답과 능력이 가능한데, 바로 음악이 이러한 내면세계로의 통로가 될 수 있다.

7. 선곡의 심리치료적 의미

감상자가 음악을 선택하는 그 순간부터 감상자의 심리에 대한 접근과 탐색이 시작된다. 다음에서는 이제껏 살펴본 내용을 토대로 선곡의 심리 분석적 기능을 네 가지로 나눠 살펴보겠다.

1) 선곡을 통한 무의식의 외현화

모든 인간은 무의식을 지니고 있고, 이러한 무의식에는 아동기부터 억압되어 온 심리적 문제가 담겨 있다. 이러한 문제들은 지속적으로 갈등과 긴장을 야기할 뿐 아니라 당시 감정들을 재경험하게 하는데, 이 과정에서 무의식적 사고와 내용을 스스로 인식하게 되면 변화가 시작될 수 있다. 이를 위해서는 무의식의 에너지를 감당할 수 있도록 자아를 강화하는 작업이 병행되어야 하는데, 음악이 바로 이를 가능하게 해 준다(Gorman, 1996).

인간의 정서는 일차적 차원에서 경험되고, 이성과 판단은 이차적 차원에서 경험된다. 인간은 현실에서 다양한 문제 해결과 사고에 몰두해 있기 때문에 일상에서 경험하는 일련의 사건들에 동반되는 정서를 대부분 억압해 둔다. 이처럼 현실에서 해결되지 않은 여러 가지 감정은 방어기제로 마음속 깊이 자리를 잡고 있기 때문에 우리는 우리의 감정과 정서를 모두 인식하지는 못한다. 음악은 이때 무의식에 내재된 감정을 만나게 해 준다.

무의식적인 선곡, 특정 음악을 듣고자 하는 충동이야말로 개인의 내재된 욕구를 보여 주는 음악적 행위다. 따라서 선택된 음악을 통해 내재된 감정이 어떤지 살펴보고, 해당 감정의 정서적 색깔과 강도 등을 탐색해 볼 수 있다. 예를 들어, 잔잔한 클래식 음악을 선택한다면 감정의 동요보다는 위로를 받고자 하는 욕구가 강한 것이고, 헤비메탈을 선곡한다면 억압된 감정과 긴장의 발산을 원한다고 볼 수 있는 것이다. 이렇게 개인이 선택한 음악은 당사자의 내적 욕구를 반영해 주기 때문에, 음악을 살펴보면 역으로 선곡한 사람의 내면을 이해할 수 있다.

2) 동질성의 원리와 투사

앞에서 이야기한 선곡에서 한 단계 더 나아가 선택한 곡을 분석해 보면 자신에 대해 더욱더 깊이 있는 투사가 가능하다. 여기서 투사란 자아가 경험한 내용이나 내면의 이슈, 성향을 다른 사람에게 그대로 반영하는 것이다(Bruscia, 1987). 현재 자신이 겪고 있는 어떤 일에 대한 생각과 감정은 특정 음악에 대한 선호도, 가수의 목소리와 가사에 대한 반응 등에서 보일 수 있는데, 이 과정을 음악적 투사라고 한다. 즉, 감상자의 개인적인 이슈가 음악에 투사되는 것이다.

감상자와 음악의 의미 있는 관계는 감상자가 특정 음악을 선곡하면서부터 시작된다. 특정 음악에 대한 선택은 '동질성의 원리'에 기반한다. 이 개념은 감상자의 내적 정서가 음악의 정서와 일치해야 그 음악이 선택되고 이어서 음악적 관계가 형성된다는 의미다. 여러 곡 중에서도 특별히 어떤 한 곡을 감상하고 싶은 심리는 그 곡이 내적 욕구를 충족시켜 주기 때문이다. 기쁠 때 슬픈 음악을 선택하기 어렵고, 반대로 슬플 때 쾌활한 음악을 선택하기가 어렵다. 이처럼 선곡은 감상자의 심리 상태와 필요(need)를 반영해 준다.

더 나아가 음악 요소에 대한 반응을 통해 자신의 내면적 상태를 읽어 낼 수 있다. 한 예로, 가수의 허스키한 남성적 음색이 부담스럽거나 반대로 너무 여성스러워서 거슬린다면, 이는 현재 자신이 겪고 있는 이슈에 대한 심리 상태를 투사한 것이라고 해석할 수 있다. 힘찬 남성스러운 목소리와 웅장한 악기 연주에 대한 거슬림은 외부에서 오는 압력이나 강요에 노출되어 있거나 이를 감당해야 하는 부담감을 투사한 것으로 볼 수 있다. 반대로 노래하는 목소리가 너무 여성스러워서 뭔가 불편하다면, 이는 수용적이고 나약한 태도보다는 힘과 에너지를 만나고 싶은 심리를 투사한 것으로 볼 수 있다. 이렇듯 다양한 음악 요소에 대한 감상자들의 반응은 투사적 정보를 지니고 있으며, 이를 통해 감상자 자신에 대한 이해를 얻을 수 있다.

3) 음악 내적 요소의 내사

음악은 리듬, 선율, 화성으로 구성되어 있고, 이 요소들은 나름의 구조적 틀과 함께 진행과 변화를 거듭한다. 이 구조적 틀은 명확성도 보이지만 모호성을 보이는 경우도 있다. 음악에서 비구조는 규율의 융통성과 전개 범위의 확장을 의미하는 것이지 결코 구조가 결핍된 것은 아니다. 인간의 삶에서도 매일 일어나는 기본적인 일들을 계획하고 예측하더라도 그 외의 일은 비예측적인 부분이 많은데, 이와 마찬가지로 음악에서도 구조와 비구조가 존재한다는 것이다.

음악 감상을 통해 비구조와 비예측성을 어느 정도 감당할 수 있는지 평가해 보면, 삶에서 마주치는 비예측성에 대한 역치를 가늠할 수 있다고 한다. 한 예로, 현대 무조 음악은 구조적 틀을 벗어난 느낌이 드는 반면, 고전 음악은 음악 내적 또는 요소적 관계의 전개가 명료하다. 삶에서 통제감과 보상감의 상실을 많이 경험한 감상자라면, 고전 음악 안에서 균형과 조화, 해결을 경험함으로써 이를 실제 삶에 적용하는 기제를 발달시킬 수 있다. 즉, 고전 음악 구조에 담긴 명료함과 안정감을 내면화하여, 삶에서 경험하는 미묘한 긴장감과 불안, 불안정한 정서에 필요한 정돈된 감정으로 대처하는 힘을 갖게 되는 것이다. 유사하게 반복되는 경직된 일상을 살아가고 있다면 자유롭고 융통적인 음악이 대리만족의 기능을 해 줄 수 있다.

4) 감정 탐색과 해소

음악은 감상자로 하여금 내재된 감정을 탐색(exploration)할 뿐 아니라 해소(resolution)하게 해 준다. 감상자는 어떤 강한 감정을 경험할 때, 음악 감상을 통해 감정적 경험을 음악적 공간으로 확장할 수 있다. 이러한 확장은 음악 안에서 감정을 희석시킬 수 있게 유도하며 동시에 감정의 깊이를 탐색하고 해소할 수 있게 해 준다.

음악은 감상자의 마음속 내재된 감정을 외현화시켜 주는 공간으로 기능한다. 이 공간은 매우 개인적이고 소중하며 위로와 지지를 만날 수 있는 곳인데, 마치 어린 시절 아이와 엄마의 관계에서 경험했던 것처럼 지지적인 회복의 공간이다(Kenny, 2006). 음악은 바로 이 공간에서 감상자에게 정서적 교감과 위로를 제공해 준다. 이곳은 감상자의 감정과 음악이 상호 작용하는 '놀이의 장(field of play)'이라고도 불리는데, 여기서 장(field)은 음악을 구성하는 요소들(리듬, 조성, 강도 등)의 물리적 속성이 감상자의 감정적 에너지와 역동적으로 만나면서 유기적인 변화를 일으키는 곳이다. 이 공간에서 감상자는 감정의 승화와 외현화를 체험할 수 있다([그림 6-6] 참조).

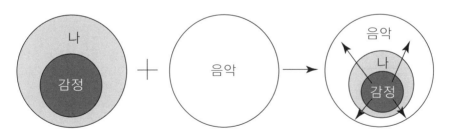

[그림 6-6] 음악을 통한 감정의 희석과 해소

이처럼 음악 감상은 단순한 여흥 이상의 기능을 하며 인간 무의식에 내재된 여러 심리적인 문제를 탐색하게 하여 자신에 대해 더 알아 갈 수 있는 채널을 제공한다. 이 채널은 곧 음악이며, 자신의 감정과 만나고 더 나아가 그 감정을 다루는 매우 훌륭한 치유자의 역할을 한다.

5) 음악적 전제의 확장과 내면의 확장

음악의 구조적 전개를 의식하는 감상은 갈등과 해결, 직관력을 강화시켜 준다. 음악 내에서 선율과 화성에 의해 음조직이 어떻게 어우러지는가 하는 것은 긴장과 갈등의 전개 및 해결 그리고 구조적 조화와 균형을 상징한다 (Bonny, 1993; Bonny & Savary, 1990). 선율 구조와 이에 따른 화성적 전개가 어느 정도의 긴장과 해결을 지니고 있는가에 따라 음악이 선곡된다. 지지적 음악은 자기 감정의 수용과 내재된 심리적 자원을 확인하기 위해, 재교육적 음악은 내재된 갈등과 긴장을 감내하고 그 자체를 수용하면서 이를 다른 차원으로 성장시키기 위해 사용할 수 있다(Kenny, 2006).

케니(Kenny, 2006)는 음악이 가진 '내적 성장(transformation)의 기능'을 매우 중요한 요소로 보았는데, 비음악적 환경에서 나타나는 도전적인 상황과 이에 대응하는 인간의 정서적 동요를 음악 안에서 재경험할 수 있고, 음악적 클라이맥스를 통해 새로운 역량을 경험할 수 있다고 하였다. 한 예로, 쇼팽의 〈전주곡 4번(Prelude Op. 28, No. 4)〉을 보면, 선율의 진행을 화음이 계속 지지하면서 정서적 고조를 가져다준다. 이후 정서적 고조가 최고에 다다르는 루바토가 나타나며, 이어서 서서히 해결로 향하는 전개를 볼 수 있다(〈악보 6-5〉 참조). 구체적으로 살펴보면, 제시된 악보의 두 번째 마디부터 선율에서는 B(시)와 C(도)가 반복되나 이에 따른 화음은 계속 변화한다. 이러한 화음 전개는 5마디까지 긴장을 고조시키며, 6마디에 들어서면서 비로소 서서히 해결되어 간다. 음악 내에서의 조성적 텐션은 감상자의 내적 갈등 구조를, 화성적 해결은 갈등의 해결을 음악적으로 체험하도록 한다. 심층적 감상은 감상자의 내적 긴장을 해결로 승화시키는 심리적 힘을 강화시켜 주고 내면의 확장을 도모해 줄 수 있다.

정리하면 음악의 심리치료적 전제 중 하나는, 우리의 내면이 스스로의 필

〈악보 6-5〉 쇼팽의 〈전주곡 4번〉

요를 충분히 알고 이에 부응하고자 하는 무의식적 동기를 촉구한다는 점이다. 음악은 이러한 내면의 동기를 알아차릴(aware) 수 있게 돕는 자원으로 활용될 수 있는데, 이를 '본질적 음악 지성(essential musical intelligence)'이라고 부른다(Montello, 2002). 이는 음악 안에서 자신과 공감하면서 궁극적으로는 새로운 동시에 심리적 힘을 만나게 해 주고 성장시키는 동력이 된다.

　더 나아가 음악은 내적 자원(inner resource)을 상기시켜 주고 이를 현실에서 활용할 수 있게 돕는데, 여기서 내적 자원이란 자신에 대한 교감과 함께 내면의 중심(center of being)을 강화할 수 있는 힘을 의미한다. 감상을 통해 자기의 중심과 만남으로써 현실적 문제 상황에 대해 수동적으로 반응하는(reactive) 것이 아니라 문제를 주도하는(proactive) 시각과 힘을 만나는 것이다. 음악은 자기 가치감을 증진시켜 주고 내면의 갈등과 분리하며 존재 자체가 보다 자유로울 수 있도록 해 준다(Summer & 정현주, 2006). 몬텔로(Montello, 2002)는 내면의 힘 발현이야말로 우리가 현실에서 온전히 기능하고 잠재력을 실현할 수 있도록 돕는다고 하였다. 이러한 측면에서 볼 때, 음악은 삶 전반에 걸친 우리의 수행력, 즉 '퍼포먼스 웰니스(performance wellness)'를 증진시켜 준다.

Summary

- 음악에 대한 인간의 감각적(somatic) 반응은 동시다발적으로 일어나며, 개인마다 서로 다른 생리적인 반응과 관련된 특정 정서를 이끌어 낸다.
- 인간이 감각적으로 수용된 정보를 어떻게 조직화하는지 개념화하기 위해 형태주의 이론가들은 게슈탈트 원리를 주창했다. 세부적으로 근접성의 원리, 유사성의 원리, 완결성/잉여성의 원리, 단순성의 원리, 대비 원리 등이 있다.
- 마이어의 기대 이론에 의하면, 감상자의 미적 경험은 음악의 흐름에 대한 예측과 기대가 충족되는 시점 및 충족 여부에 따라 달라진다.
- 벌라인은 음악 난이도에 대한 보상감과 혐오감을 중심으로 음악의 정서 반응을 설명했으며, 개인별로 느끼는 친숙함과 복잡성에 따라 선호 수준이 결정된다고 주장하였다.
- 정신역동적 시각에서는 음악을 인간의 상호 작용 대상으로 간주하고, 내적 요소들의 역동적 관계를 분석한다. 음악은 일차적 · 이차적 차원의 심리적 기능을 모두 수행할 뿐 아니라 인간이 추구하는 규율, 절제, 통제 등 초자아적 필요를 충족시켜 준다.
- 초월심리적 음악 감상에서는 음악을 하나의 상징과 삶의 원형으로 간주하며, 감상 과정에서 일어나는 모든 심상에 초점을 맞춘다. 이러한 과정에서 다양한 존재적 경험을 통해 삶에 대한 보다 더 큰 이해와 깨달음을 얻는다.
- 개인이 선택한 음악은 감상자의 심리 상태와 필요(need)를 반영해 주며, 무의식에 내재된 감정을 외현화하는 역할을 한다. 이를 치료적으로 활용하면 음악을 통해 감상자에게 정서적 교감과 위로를 제공하고, 감정을 해소하고 승화하도록 도와줄 수 있다.
- 음악적 전개의 확장은 내면의 확장을 유도하며 궁극적으로는 자기 성장을 도모한다. 우리 안에 내재된 본질적 음악 지성은 내면을 정돈하는 통찰력과 이를 도모하는 심리적 힘을 의미하며 우리가 존재하는 방식과 수행력(퍼포먼스 웰니스)을 증진시켜 준다.

제7장

노래심리치료

목소리는 표현과 소통의 도구이며, 목소리 음색은 개인의 정체성을 상징한다. 목소리를 말이 아닌 음악적으로 활용할 때 그 존재론적 의미는 더 깊어진다. 이 장에서는 우리가 가지고 있는 목소리의 의미와 존재적 상징성, 목소리 사용의 치료적 측면, 더 나아가 목소리를 통해 전달되는 음악과 언어의 복합체로서의 노래가 지닌 심리치료적 기능을 살펴보고자 한다.

1. 목소리의 의미

신생아의 삶은 호흡과 소리에 크게 의존한다. 신생아는 소리로 생존과 관련된 욕구와 불편감을 표현하며, 울음의 강도로 자신이 처한 생리적 상태를 외부에 알린다. 엄마는 아이의 울음, 옹알이 등 발성적 표현에 세심하게 반응하며 이를 목소리로 반영해 준다. 성장함에 따라 신생아의 표현력은 점차 확장되며, 적극적인 의사소통 외에도 창의적인 소리를 새롭게 만들어 내면서 스스로에게 청각적 자극을 준다.

이러한 전언어적(pre-verbal) 시기의 음성적 탐색은, 발달적 조건을 초월해 자신의 정서를 보다 적극적으로 표현하도록 도와준다. 노래를 배우기 시작하면 이에 필요한 호흡 기능과 협응감이 발달하며, 음역은 물론 리듬감도 습득한다. 약 5세가 되면 대략 문장을 만들고 원하는 표현을 위해 단어를 조합할 수 있으므로 보다 분명한 발음으로 가사를 외워서 부르게 된다(Gammon & Dunn, 1985).

아이는 성장 과정에서 엄마와의 음성적 상호 작용을 통해 심리적 유대감을 형성해 나간다(Newham, 1998). 음성으로 상호 작용을 한다는 것은 소통 능력을 배우게 된다는 의미로, 아이의 첫 소통 대상은 대개 주 양육자인 엄마다. 엄마와의 소통은 타인과의 관계 형성에 매우 중요한 기반이 된다. 엄마와의 접촉이 결여되면 아이는 엄마와 안전한 애착을 형성하는 데 어려움을 겪게 되며, 이러한 어려움은 이후 계속되는 사회적 관계 형성에도 그대로 이어진다.

성장하면서 아이는 자신의 필요와 욕구를 외부에 전달하기 위해 다양한 음성적 표현을 시도한다. 하지만 모든 표현이 늘 허용되는 것은 아니다. 상황에 따라 그 표현의 적절성 여부를 주입받거나 표현을 절제하도록 하는데, 이러한 경험들은 아이의 심리 상태에 영향을 미친다. 예를 들어, 아이가 아프거나 힘들어서 우는데도 엄마나 타인으로부터 조용히 하라는 요구를 받으면 울음에 대한 수치심을 배우게 되며, 이후 자신의 욕구와 감정을 자유롭게 표현하기보다 외부와 타인을 의식하며 숨기게 될 수 있다. 즉, 고통스러운 경험을 하더라도 큰 소리로 울지 않고 숨죽여 몰래 울거나, 반대로 기쁠 때 환호의 소리를 지르기보다 안으로 혼자 파이팅을 외치는 등 목소리 사용을 자제하게 되는 것이다. 이러한 표현의 절제는 외부 환경을 의식하면서 더욱 강화된다. 아동에 따라 자기표현을 수용해 주는 환경에서 양육되기도 하고, 반대로 매우 주입적이고 강압적인 환경에서 양육되기도 하는데, 이와 같은 양육 환경은 아이의 표현력에 영향을 미친다. 더 나아가 아이의 심리 상태는 자기표현력뿐 아니라 의사 표현과 소통의 도구인 목소리 사용에까지 영향을 미친다.

사춘기에 들어서면 신체적·생리적 변화에 따라 이차 성징이 나타나고, 피부 조직 및 형태의 변화와 맞물려 성대 길이도 길어진다. 이러한 신체적 변화는 정서적·사회적 정체감에도 영향을 미친다. 추상적 사고 능력과 문제 해결 능력이 생기면서 자기를 중심으로 외부 세계를 평가하게 되고, 자아 성찰 등 다양한 고차원적 개념을 습득하게 된다. 이 시기의 청소년들은 현실 세계와 본인이 추구하는 세계의 차이로 인한 고충을 겪게 되면서, 또 다른 차원의 정체성 이슈를 경험하고 실험해 보는 계기를 갖게 된다(Andrews & Summers, 1988). 청소년기 여학생들은 더욱 위축되고 섬세해지는가 하면, 남학생들은 남성적 성향을 더욱 과시하며 힘에 대한 막연한 동경을 갖기도 한다. 이때 목소리는 자신의 복잡한 심경을 표현하는 도구이자 매체이며, 성장 과정을 반영해 준다.

목소리 선호도는 아이의 애착 대상이나 성적 정체성 형성과도 관련이 있는데, 발달 초기에는 엄마가 가장 의미 있는 애착 대상이지만 성장하면서 아이의 성별에 따라 서서히 아빠에게로 전환될 수 있다. 특히 학령기 여아는 여성 음색을, 남아는 남성 음색을 선호하는 현상을 보이기도 하는데, 그 예로 노래하는 사람과 목소리를 통해 동일시하는 것을 들 수 있다(Chong, 1999). 여기서 동일시란 하나의 자아가 또 다른 자아에 동화되면서 그 자아를 모방하고 흡수하는 현상을 의미한다.

목소리 음색은 아동기 기질과 발달적 특성과 함께 달라진다(Benninger et al., 1994). 우울하고 소극적인 아이들은 호흡이 많이 들어간 낮은 강도의 음색을 보이며, 통제적이고 주도적인 아동들은 목소리에 힘이 과도하게 실린 음색을 보이는데, 이는 심하게 수축된 성대 근육(compressed vocal folds)을 통해 목소리가 산출되기 때문이다. 타인에게 적대적이고 자신을 방어하고자 하는 아이들은 매우 큰 소리로 이야기하며, 지나치게 외향적이며 과잉 행동의 문제를 지닌 아이들은 음역이 넓고 높은 톤과 강도 등 부자연스럽고 튀는 목소리를 사용한다.

사람은 자신의 감정이나 욕구가 타인의 반영을 통해 이해되기보다 판단되거나 거부될 때, 그 감정이나 욕구를 더는 외부로 표현하지 않고 심리적으로 철회한다. 오스틴(Austin, 2002)은 대다수의 사람이 성장 과정에서 자신의 진실한 목소리를 잃는다고 하였다. 타인과 외부 환경을 인식하기 시작하면서, 자신의 느낌을 있는 그대로 표현하는 '진실된(true) 목소리'가 아니라 외부에서 요구하는 대로 수정된 목소리와 걸러진(filtered) 표현을 하게 된다. 이러한 태도와 행동은 어느 순간 자동적 기제로 자리 잡게 되고, 자신의 필요와 욕구를 반영한 진실된 목소리 대신 현실적인 목소리를 내는 연습을 하게 된다. 동시에 외부에서 오는 거부와 평가에 대해 두려워하게 되는데, 이러한 경험이 계속 쌓이다 보면 실제 자유로울 수 있는 상황에서조차도 자신의 진실한 목소리를 내지 못하게 된다.

이러한 과정에서 우리는 어느 시점부터 건강하지 못한 목소리를 내게 된다. 소통하고자 하는 충동과 욕구는 일차적이지만, 이에 대해 이차적으로 제재와 판단이 개입되면서 욕구에 대한 표현이 달라진다는 것이다. 이차적 개입이 반복되면, 어느 순간 자신의 일차적 충동이 무엇이었는지 또는 욕구가 무엇이었는지를 잊고 살아가게 된다. 익숙하지 않은 충동들은 인정받지 못한 채 절제와 합리화를 거쳐 무시된다. 우리는 성장 과정에서 자기조절이나 이성적 판단을 상실할지도 모른다는 공포감 때문에 자신의 원초적인 충동과 본능을 외면한 채 직접 다루려 하지 않게 된다. 이렇게 억압된 감정과 에너지는 목소리 음색에서도 나타나는데, 호흡의 불균형과 제한된 음역, 명료하지 않은 음색 조음 등으로 나타난다(Austin, 2002).

이렇게 인간은 외부 세계와 타인을 인식하게 되면서 유아기에 가지고 있던 자기표현의 자유로움을 점차 잃어버린다. 또한 자신의 능력과 역량에 대해 스스로 평가할 수 있게 되면서 위축감을 느끼게 된다. 이러한 위축감 때문에 나타나는 신체적 긴장은 목소리에도 반영된다. 로웬(Lowen, 1976)은 호흡과 소리 발화가 운동적 기능을 통해 산출되는 만큼, 호흡의 질과 목소리 사용을 통해서 신체의 이완 정도를 알 수 있다고 하였다. 이는 역으로 목소리 음색의 경직성이 심리 상태를 반영할 수 있음을 암시한다.

2. 목소리의 치료적 의미

목소리의 정신역동적 분석에 대한 연구는 1940년대부터 진행되어 왔다. 일상에서 겪는 심리 사회적 경험들, 특히 어린 시절의 심리 정서적 외상은 인격 형성에 영향을 미치며 목소리 음색과 사용 패턴에도 반영된다(Aronson, 1985, 1990). 구체적으로 대인 관계나 자기 개념에 문제가 있는 사람은 목소리를 건강하게 사용하지 못하는 경우가 많다. 또한 사회적·감정적 소통에 어려움을 가진 사람도, 소통의 주 매개인 목소리 사용에 문제가 있거나 제한적인 음색을 보이는 경우가 많다.

프로이트(Freud, 1922)는 언어적으로나 비언어적으로 표현할 수 있는 능력이 얼마나 큰 치유의 힘을 지니는지 임상적으로 보여 준 정신과 의사다. 프로이트의 환자는 당시 의학적으로 설명되지 않는 고통을 호소하였는데, 이를 접한 프로이트는 이러한 병이 환자가 과거에 경험한 심리적 외상에서 비롯되었다고 판단하였다. 그는 어린 시절의 심리적 외상이 이후 성장 과정에서 정서적으로 영향을 미치는 것을 '히스테리'라고 하였으며, 히스테리 증상과 관련된 감정들을 소리로 표현하도록 하였다. 이때 소리로 표현된 다양한 감정, 즉 긴장, 두려움, 웃음, 울음, 고함, 부르짖음 등은 언어로 설명하는 것보다 훨씬 더 치료적이었으며, 충분한 정서적 재경험 이후에 언어를 사용하여 경험을 다시 인지하도록 유도하였다.

폴 모세(Paul Moses)는 심리학적으로 목소리를 분석한 첫 임상가로, 목소리의 역동이 곧 마음의 역동적 측면을 반영해 준다고 하였다. 폴 모세에 의하면 모든 감정은 다양한 음색으로 표현되는데, 심리적 위축감을 경험하는 경우 이러한 표현력과 다양성이 결여된다는 것이다. 그러므로 내재된 감정 작업에서 말로 하는 상담보다 노래를 중심으로 할 때 문제에 대해 직접적인 접근과 치료가 가능하다고 하였으며, 더 나아가 언어 중심 치료와 목소리 심리치료를 병행할 것을 제안하였다(Moses, 1954).

3. 언어와 음악의 복합체인 노래

언어와 음악을 비교해 보면 매우 유사한 점이 많다. 음악에 리듬과 선율이 있듯이 말에도 언어 리듬(speech rhythm)과 억양이 있으며, 둘 다 심리적·신체적 상태를 반영한다. 감정이나 정서의 뉘앙스는 말의 억양, 리듬, 빠르기, 크기, 음색 등의 특성을 통해 전달될 수 있으며, 이는 목소리의 다양한 조절을 통해 이루어진다. 가창에서 사용하는 목소리에도 이러한 심리 정서적 특성이 반영된다.

노래는 리듬의 빠르기, 선율의 조성적 성격, 가사의 주제에 따라 자극하고 전달하는 감정적 이슈가 달라진다. 음악과 언어의 유사성으로 인해 노래에서 언어가 자연스럽게 표현될 수 있는데, 선율의 악절(phrase)은 언어의 문장을, 쉼표(rests)는 호흡을, 음정(pitches)은 억양을 반영한다. 또한 음악적인 요소인 리듬은 '말'의 강세, 길이, 빠르기와 매우 유사하다(최미환 역, 2008). 한편, 어떤 표현은 말로 하면 자연스럽지만, 노래로 하면 뭔가 부자연스러운 느낌을 줄 수 있다. 이는 언어와 노래 자체가 가진 속성의 차이 때문인데, 언어는 이성적인 측면이 큰 반면, 노래는 심리 정서적인 측면이 매우 크기 때문이다.

음악은 일차적 차원에서 수용되고 언어는 이차적 차원에서 수용된다. 언어와 음악의 복합체인 노래에서 어떠한 요소가 감상자에게 더 우세하게 각인되는지를 살펴본 결과, 노래를 감상할 때 가사, 즉 언어는 주제에 대한 내용을 전달하고 음악은 그 주제와 관련된 정서를 전달했다. 또한 소리 연상(klangassociation) 이론에 따르면, 제한된 선율에 붙여진 가사를 노래하는 경우 가사의 언어 리듬이 일차적 처리 과정을 통해 수용된다고 한다(Rosenbaum, 1963). 가장 대표적인 예가 랩인데, 랩의 억양, 리듬, 라임 (rhyme) 등은 일차적 차원에서 처리된다. 다시 말해, 랩을 들을 때는 가사가 지닌 리듬적 특성에 의해 정서적 반응이 유도되는 것이다.

4. 호흡과 토닝

1) 호흡

호흡은 목소리 생성에 필요한 힘의 근원이다. 말하기, 노래하기 등 목소리의 사용은 심리적 기능과 신체적 기능 모두를 필요로 하며, 특히 안정적인 호흡이 필수적이다. 호흡을 뜻하는 'respiration'이라는 단어에서 'spirit'은 '정신'을 의미한다. 또한 영혼을 의미하는 그리스어의 'psyche'라는 말은 '호흡하다'라는 뜻을 가진 'psychein'과 어원이 같다. 이렇게 다양한 어원을 통해 유추할 수 있듯이 호흡은 생동감, 활기, 생명력과 직결되며, 마음과 신체 그리고 영혼을 연결해 주는 삶의 동력이라고 할 수 있다(Newham, 1998). 인간 행동의 여러 측면이 그러하듯이 호흡은 신체 운동적으로 기능하면서 심리 정서적인 상태를 반영해 준다.

운동적으로 호흡은 공기를 폐의 안팎으로 이동시키는 과정이다. 호흡을 담당하는 기관은 기관지 같은 호흡로와 폐를 품고 있는 흉곽으로 이루어져 있다. 다양한 복부 및 흉부 근육들의 수축과 이완은 폐의 기압을 조절하고, 이러한 부피와 압력의 변화는 공기가 폐 안팎으로 흐르는 들숨과 날숨을 가능하게 한다. 이러한 근육의 수축과 이완은 신체적 기능이지만 심리적 요인 또한 매우 크게 작용한다. 이는 심리적 이완이 근육의 이완으로 이어지고, 불안이나 긴장 역시 근긴장도를 증가시키기 때문이다.

들숨은 폐의 크기를 확대하는 근육인 횡격막뿐만 아니라 흉부와 경부의 수많은 근육들을 움직인다. 특히 내늑간근은 구어를 하기 위하여 호기를 하는 동안 늑골을 하강시키는 것을 도와주기 때문에 구어 산출에 매우 중요한 근육이다. 대흉근과 소흉근, 전거근은 들숨 시 늑골을 끌어올려서 흉곽을 확장시키며, 경부의 주요 근육인 흉쇄유돌근과 사각근은 들숨 시에 늑골을 끌어올리는 것을 돕는다(이규식 외, 2004).

날숨은 갈비뼈를 끌어내리고 복부의 내장을 압축하여 폐의 부피를 감소시키는 일을 한다. 노래할 때 긴 소절을 부르고 나면 복부 근육이 뻑뻑한 것을 느낄 수 있다. 이는 복부의 내장을 안으로 밀어 넣기 위하여 복부 직근 같은 근육을 사용했기 때문이다. 날숨은 횡격막을 밀어 올려서 폐의 부피를 감소시킴으로써 공기를 밖으로 내보내는 동시에 갈비뼈 사이의 내늑간근이 갈비뼈 위에 내려오고 등쪽의 들숨 근육은 갈비뼈의 뒤쪽에 내려오게 해서 폐의 부피를 감소시킨다(이규식 외, 2004).

안정감 있는 호흡은 정신적 · 인지적 · 정서적 · 심리적 요인과 관련이 있다. 들숨과 날숨의 깊이, 비율, 균형 등은 현재 그 사람이 가지고 있는 긴장이나 불안 등 다양한 심리적 이슈를 반영하며, 현재 무엇을 경험하는가에 따라 호흡의 질이 달라질 수 있기 때문이다.

게이너(Gaynor, 1999)는 "호흡은 기계적인 산소 교환 그 이상이다. 그것은 우리 몸 세포의 기능들과 활기찬 건강미 또는 정서적인 건강의 토대가 된다. 깊은 숨을 쉴 때, 우리는 긴장 해소와 활력이 필요한 몸의 각 부분에 연결되는 에너지를 만들어 낸다."(p. 57)라고 하였다. 또한 깊은 숨은 심장박동을 느리고 평온하게 하며 신경 체계를 튼튼히 한다고 하였으며, 이완되고 집중된 상태는 모든 사람에게 도움이 되고, 특히 불안이나 발작을 경험하는 사람들에게 더욱 효과적이라고 하였다.

이에 더 나아가 프로이트의 제자인 라이히(Reich, 1948)는 인간이 자신의 본능을 억압할 때 욕구로부터 개인을 보호하는 방어 기제가 발달한다고 하였다. 이러한 방어 기제가 발동할 때 그 반응은 두 가지 차원에서 이루어지는데, 하나는 신체적 무장이고 다른 하나는 성격적 무장이라는 것이다. 신체적 방어 기제는 내적 에너지를 억제하기 위해 근육이 수축하는 것이고 성격적 방어 기제는 본능적 충동과 외부 세상에 대한 갈등과 두려움 때문에 작동하는 일종의 반응 특성인데, 이와 같은 방어 기제를 이해하려면 언어보다 몸짓과 제스처를 관찰해야 한다고 하였다.

　그렇다면 이러한 방어적 무장은 어떻게 해제할 수 있을까? 이를 위해서는 호흡을 가다듬고 규칙적인 페이스를 유지하면서 감정을 자유롭게 느끼고 정화시켜야 한다. 호흡 훈련은 긴장을 완화하고 공기가 몸 안의 깊은 곳까지 도달하게 도와주며, 원활한 호흡과 함께 목소리를 다양하게 탐색할 수 있도록 도와준다. 특별한 기술이나 능력이 필요한 것이 아니므로, 들숨과 날숨의 리듬에 맞춰 가장 자유스럽고 편안한 호흡의 페이스를 유지하는 것이 중요하다. 호흡은 신체 근육을 이완시키고 몸과 마음을 조율하는 데 매우 필수적이다. 깊은 호흡을 균형감 있게 유지하는 것은 신체적 기능에서뿐만 아니라 심리적 차원에서도 매우 치료적이다.

　노래에서 가장 중요한 것은 자신의 목소리와 안정된 호흡으로 노래하는 것이다. 자신에게 주어진 목소리를 음악적으로 탐색하고 받아들이는 것은 매우 치유적인 행위이며, 이 과정에서 호흡은 그 첫 단계다. 신체를 인식하는 첫 단계는 깊게 호흡하는 것이다. 성대나 가슴, 복부가 충분한 호흡을 할 수 없다면, 말을 할 때나 노래를 부를 때 목소리에 매우 부정적인 영향을 미친다. 호흡을 통한 감정과의 만남 그리고 표현은 극히 심리적인 작업이다 (Austin, 1991, 2002).

2) 토닝

　목소리는 우리의 몸을 악기로 삼아 음악을 만드는 주요 매체다. 목소리를 통해 만들어지는 선율은 신체 상태를 안정 또는 이완시킬 수 있다. 목소리는 신체 균형을 복원해 줄 수 있는 도구로도 활용되는데(Davis, 2004), 이는 목소리가 호흡을 통해 신체 부위에 산소를 공급해 줌으로써 기능을 활성화시키기 때문이다. 목소리를 이용한 음악 활동의 한 예로 고정된 리듬 패턴 없이 모음으로만 부르는 찬트가 있는데, 찬트 역시 울림을 통해 신체 내 장기에 산소를 공급해 주는 역할을 한다.

토닝(toning)은 모음을 중심으로 특정 음고를 유지하면서 소리를 만들어 내는 활동이다. 미국 콜로라도의 선교사 엘리자베스 키스(Elizabeth Keyes)가 개념화한 것으로, 어느 날 키스는 가슴과 목에서 강한 감정과 에너지가 감지되어 입을 열고 "라"라고 발화를 시도해 보았더니 몸 전체에 공명이 느껴지면서 동시에 감정이 발산되는 듯한 정화를 경험했다고 한다. 그 후 가사 없이 특정 톤과 모음으로 소리를 내는 것을 '토닝'이라고 명명하였다(Newham, 1998).

토닝은 고정된 톤(tone)을 유지하면서 신체를 공명하고 긴장된 몸의 부위에 진동을 제공하여 이완을 유도하는 활동이다. 진동에 필요한 소리는 허밍, 한숨, 탄성과 같은 자연발생적이고 표현적인 소리인데, 이렇게 소리로부터 발생한 진동은 귀를 통해 골격계와 장기에 형성된 세포 하나하나를 자극한다. 세포의 종류를 막론하고 기본 구성 요소인 뉴런(neuron)과 뉴클리어(nuclear)는 진동하는 성질을 가지고 있기에, 토닝을 통해 몸에 공명을 제공하는 것은 매우 치유적인 행위이며, 특히 세포를 자극하는 특정 주파수대의 음을 규명하여 제시하였을 때 가장 치료적 효과가 있다고 알려져 있다. 이러한 점에서 목소리를 신체 에너지의 가장 효과적인 '조절 인자(modulator)'라고 일컫는다(Davis, 2004).

사실 토닝은 고대 인도 문명에서도 연구되어 왔다. 신체에는 차크라(chakra)라는 몸의 에너지를 관장하는 몇 개의 지점이 있는데, 각 지점을 자극하는 특정 음고가 있다는 것이다. 이러한 차크라는 목표에 따라 그 자극 지점이 달라지는데, 예를 들면 정신적 작업에는 뇌 차크라, 감정적 작업에는 가슴 차크라, 서정적이며 이완적인 작업에는 복부 차크라를 자극해야 한다고 하였다(Montello, 2002). 이와 관련해서 프랑스 물리학자 토마티스(Tomatis)는 토닝이 뇌의 피질 활동(cortical activity)의 하나로 신체를 재충전해 주고 전체적인 시스템을 조율하며 활력을 부여한다고 하였다. 특히 찬트가 이러한 활력을 가져다주는 데 효과적이라고 하였으며, 실제로 그레고리안 찬트로 임상 실험을 한 결과, 만성 피로를 경험하는 70명 중 2명을 제외하고 큰 치료 효과가 있었다는 보고가 있다(Roskam, 1993). 이처럼 토닝은 소리를 생성하면서 리듬적 진동을 통해 몸의 물리적·감정적·정신적 상태를 조율해 주는 활동이다.

5. 노래의 심리치료적 기능

1) 중간 선율로서의 대상화

인간이 출생 후 가장 처음 접하는 노래 형태는 바로 엄마의 자장가다. 자장가는 하나의 노래라기보다 주 양육자인 엄마의 지지적 정서와 무조건적인 사랑이 담긴 심리적 대상(object)으로 기능한다. 즉, 자장가는 아이가 분리 불안을 감당하는 데 효과적인 대체물로서 엄마를 대신하며, 자장가를 통해 아이는 자신의 불안을 감당하는 기술(coping skill)을 개발해 나간다.

아이가 환경에서 직접 선택하는 담요, 동물 인형과 같은 중간 대상과 달리 중간 선율은 주 양육자 또는 제2의 양육자를 통해 형성된다. 중간 선율과 중간 대상은 온전히 자신의 것이므로 부모로부터 자아를 분리하는 과정을 돕는다. 특히 외상이나 상처가 많은 경우 자신만을 위한 중간 대상을 갖는 것은 매우 이상적인 행동이다. 불안을 느끼는 상황에서 스스로의 정서를 다루기 위해 노래를 개사하거나 특정 부분을 흥얼거린다면 이 또한 중간 현상의 하나라고 볼 수 있다.

노래하는 목소리는 무의식에 웅크리고 있는 내면 아이(inner child)와 만나게 해 준다. 어린 시절 외상과 상처가 많은 사람일수록 처음에 노래하기를 두려워하는데, 이는 노래를 통해 지난 경험의 고통스러운 감정을 다시 만나게 될까 두려워서 무의식적인 방어 기제가 작동하기 때문이다. 억압된 감정은 가슴과 목의 근육을 수축시켜서 자유롭게 노래를 하는 것을 어렵게 만든다. 그러므로 노래하기는 심리적·신체적으로 경험하는 정서적 무게감과 긴장을 다루는 데 매우 치료적인 활동이 될 수 있다.

2) 노래의 투사 및 외현화 기능

인간은 살아가면서 계속 내면의 욕구와 현실적 역할을 조율하고 스스로 타협한다. 내면의 욕구를 꿈이나 공상으로 다루기도 하고 무의식적으로 승화시키기도 한다. 일상에서 해결하지 못한 욕구들을 충분히 다루어 주어야 내적 안정과 균형감이 유지되므로 노래는 이러한 내적 욕구를 반영해 주고 분출시켜 주는 도구와 매개로서 매우 중요한 기능을 한다(Rosenbaum, 1963). 꿈이 무의식화된 내적 충동이라면 노래는 의식화된 내적 충동을 다룬다. 또한 노래는 꿈보다 현실적이고 직접적이다. 즉, 노래를 감상하는 동안만큼은 무의식의 욕구와 만날 수 있고 일시적인 퇴행의 기회를 얻는다.

노래는 다양한 삶의 이슈와 감정, 추억에 대해서 다룬다. 노래의 가사는 원초적이거나 현실적일 수 있고, 통념과 규율을 강조하는 내용일 수도 있다. 디아즈-쿠마시에로(Díaz de Chumaceiro, 1992)는 어린 시절 부모와 겪은 관계적 갈등이나 개인 간 문제, 개인 내적 문제가 노래를 감상하는 동안 가수에게 투사된다고 하였다. 감상자의 무의식에 있는 감정이 가수에게 투사되어 동일시를 경험하는 것이다.

노래의 투사적 기능은 대개 가사와 관련이 높다. 특정 노래를 선호한다는 것은 가사에 담긴 이슈가 무의식에 내재된 심리적 문제와 관련 있거나 어느 정도 그 가사에 공감하는 경우로, 음악과의 관계 맺음, 즉 관계적 채널이 형성되었기 때문이다. 예를 들면, 실연의 아픔을 겪고 있는 사람이 상실감을 다룬 노래에 공감하며 그 노래를 선호하는 것은 가사의 구체적인 심리적 쟁점이 감상자의 이슈를 다루어 주기 때문이다.

물론 이와 반대로 노래를 듣고 특별히 부정적으로 반응하는 경우에도 심리적 의미가 있다. 예를 들어, 어린 시절 엄마로부터 언어 폭력 또는 정서적 학대를 받은 아동이 여성이 부르는 오페라 아리아와 같은 곡을 들으면서 음악을 거슬려 하거나 불편해하는 모습을 보이는데, 이는 여성의 고음이 엄마의 신경질적인 목소리를 연상시키기 때문이다. 이처럼 개인이 특정 노래를 좋아할 때는 그 노래의 목소리, 음색, 주제, 표현적 특성 등 해당 노래를 선호하는 이유가 존재한다(Díaz de Chumaceiro, 1992). 즉, 특정 노래에 대한 개인의 호불호는 긍정적 또는 부정적 이슈와 관련이 있다.

역으로 이를 적용하면 노래를 통해 감상자의 심리적 이슈를 알아볼 수 있다. 노래의 투사적 기능은 가사뿐만 아니라 음악의 리듬적 또는 조성적 특성을 통해서도 가능한데, 리듬의 경우 에너지 수준이 어디에 있느냐에 따라 감상자의 추동적 에너지 발산의 욕구를 볼 수 있으며, 가사 중에서도 어떠한 구절이 와닿는지를 보면 감상자의 내면세계가 무엇을 원하는지 알 수 있다.

사례 1

극히 가부장적이고 폭력적인 아버지와 이에 무기력한 엄마 밑에서 자란 이슬은 대학에 입학하여 우연히 알게 된 임재범의 〈비상〉이라는 노래가 마음에 와닿아 계속 반복해서 듣고 있게 되었다. 아버지는 그녀의 꿈을 억압했고, 어머니는 그녀와 공감해 주지 못했고 꿈도 지켜 주지 못했다. 가사 중 후렴 부분인 "나도 세상에 나갈 수 있어. 당당히 내 꿈을 펼쳐 볼 거야"라는 부분을 들으면 가슴이 뛰고 소리를 지르면서 가사를 크게 따라 부르고 싶은 충동을 느꼈다. 이제 본인 스스로 꿈을 실현할 수 있는 때가 왔으며, 내면에 잠재된 충동과 결단의 소망이 가사를 통해 외현화된 것이다.

사례 2

가희는 최근 특별히 좋아하지도 않는데 자꾸 흥얼거리는 노래가 있다. 그녀의 뇌리를 떠나지 않는 노래는 〈플라이 미 투 더 문(Fly me to the Moon)〉으로, 항상 첫 16마디만 반복적으로 불렸다. 그러다가 어느 날 가사를 부르는 자신에게 뭔가 생각에 변화가 있다는 것을 감지했다. 즉, 최근 고민 중이던 유학에 대한 꿈을 지지해 주는 듯한 가사라는 것을 알게 되었다. 영어로 된 가사라 가사의 메시지에 대해서는 정확히 알지 못했지만, 앞부분에서 무엇인가 자신의 내면이 원하는 바를 노래를 통해 표현해 주는 듯한 느낌을 받았다. 현실에서 벗어나 새로운 세계로 도전하라는 내면의 주문(calling)이라는 것을 알 수 있었다.

Fly me to the moon
And let me play among the stars
Let me see what spring is like
On Jupiter and Mars

　　로젠바움(Rosenbaum, 1963)은 음악 장르 중 대중가요가 대상 관계적 시각에서 볼 때 특정 감정에 대한 퇴행적 욕구를 다루어 준다고 하였다. 대중성이란 다수가 선호하고 다수의 마음을 대변하는 것으로, 대중성을 지닌 음악은 집단 무의식에 내재된 충동과 욕구를 다루는 매우 효과적인 통로(outlet)로 활용될 수 있다. 대중가요의 가사를 통해 무의식에 내재된, 또는 미해결된 이슈들이 의식화되고 규명되는 외현화 효과를 볼 수 있다. 대상 관계적 측면에서 가사는 내재된 이슈를 다루는 동시에 억압된 자아가 외현화된 것이다(Bruscia, 1995).

　　억압이란 현실적으로 수용되지 못하는 욕구나 충동 또는 본인이 부인하고 싶은 내적 이슈를 무의식에 담아 놓은 기제를 말하며, 외현화는 보편적으로 모든 인간이 무의식에 가지고 있는 욕구가 노래의 형식과 구성 요소를 통해 의식화되는 과정을 의미한다. 억압된 이슈들이 가사를 통해 안전하게 외현화되면서 내재된 부정적 대상에 대한 감정이 극복되는 것이다. 결론적으로 노래는 감상자의 내재된 부정적 감정을 수용하고 소통할 수 있는 계기를 제공한다고 볼 수 있다. 많은 경우 이처럼 억압된 이슈들이 가사를 통해 안전하게 외현화되면서 내재된 부정적 대상에 대한 감정을 극복한다.

　더 나아가 디아즈-쿠마시에로(1992)는 갑자기 특정 노래가 떠오르거나 흥얼거리는 것에 분명 어떤 심리적 의미가 내포되어 있다고 보았다. 특히 자신이 구체적으로 저항하던 심리적 이슈와 관련이 있거나 음악을 통해 내재된 욕구를 승화하고자 하는 내적 충동이 있다는 것이다. 이를 노래 유도 기법 (induced song recall)이라고 하는데, 반복적으로 특정 노래 구절이나 가사가 떠오르는 경우 그 내용이 무의식과 관련이 있다는 전제하에 떠오른 가사를 분석하여 감상자의 내면 이슈를 알아 가는 기법이다. 즉, 노래는 현실적이고 안전한 방법으로 욕구를 표현해 준다.

> **사례 3**
>
> 이성 관계에서 일방적으로 마음과 애정을 '주는(giving)' 역할인 유나는 예전 드라마에서 들었던 한 OST가 자주 떠올랐다. 그 노래는 한 여자에 대한 절대적인 사랑을 맹세하는 남자 배우의 주제곡이었다. 이 곡이 반복적으로 떠오르고 무의식적으로 흥얼거리는 것은 현재의 이성 관계에 대한 유나의 내재된 소망을 반영해 주기 때문이었다. 이를 통해 어느 순간, 유나는 일방적으로 '주는 사랑'보다 본인도 애정과 관심을 '받을 수 있는 관계'를 그리워한다는 사실을 깨달았다. 유나는 반복적으로 이 OST를 들으면서 현재의 애정 관계에서 충족되지 못한 '받는 사랑'에 대한 욕구를 가사를 통해 대리 만족하고 있음을 알게 되었다.

3) 노래의 인지 치료적 기능

　인간은 살아가면서 다양한 에피소드와 관계를 경험하고 이 경험에 대한 정서적 의미를 수용하면서 성장한다. 경험을 수용하는 과정에서 인간의 사고와 시각, 관점은 정서적 의미를 규명하는 데 매우 중요한 역할을 한다. 언어 중심의 인지 치료는 어떠한 사건이나 경험을 해석하면서 거치는 인지 적 또는 사고적 프로세스를 알아보고 왜곡된 패턴을 재정립해 나가는 접근 이다. 어떤 사건을 바라보고 수용하는 과정에서 부정적으로 생각하는 사고 패턴이 있다면 이를 재구성하여 긍정화할 수 있도록 안내해 주는 것이다.

노래 인지 치료 또한 가사를 중심으로 자신의 역기능적 사고 패턴을 알아 보고, 이에 대한 시각을 긍정적으로 교정해 주어 잘못된 시각을 바로 잡고 정서적 어려움을 극복하도록 돕는다. 가사는 감상자들에게 상황에 대한 해 결적 제안, 새로운 시각, 문제 규명의 기회를 준다. 이러한 인지적 접근은 감 상자의 내적 갈등, 현실 세계와의 괴리감, 대인 관계 문제, 사회적 소속감과 같은 다양한 이슈를 다룬다는 강점이 있다.

사례 4

음악치료사인 민아는 기소 유예 처분을 받은 청소년들을 세션에서 만나고 있다. 이들 중에는 결손 가정 또는 충분한 돌봄이 부재한 양육 환경에서 자란 소년들이 많았다. 충 동성과 공격성을 스스로 조율하는 정서적 기술을 배우지 못하였고, 작은 사건 사고에도 연루되기 쉬운 위기 환경에 노출되어 있었다. 이들은 전반적으로 학업 성취도와 관계 형성에 필요한 자기조절력이 낮았다. 총 15회의 음악심리치료 프로그램에 참여하면서 몇몇 소년은 자신에 대한 생각에 변화가 왔음을 느꼈고, 이러한 알아차림을 노래로 만 들기로 하였다. 소년들은 자신의 이야기를 가사로 구성하였으며, 선율과 화음을 포함하 여 그룹 전체가 합의하여 노래를 만들었다.

이 곡에는 과거의 불행과 현재의 실수에 매몰되어 꿈을 포기하거나 미래를 부정하지 말 자는 소년들의 의지가 담겨 있다. 갖지 못한 것과 하지 못한 것에 연연하지 말고 자신을 지키면서 또다시 실수하지 않겠다는 결단 그리고 중요한 관계적 자원인 친구의 존재와 힘을 떠올려 준다. 그리고 노래를 부를 때마다 자신에게 필요한 내적 · 외적 자원을 상 기시킨다(〈악보 7-1〉 참조).

〈악보 7-1〉 〈누구나 한 번쯤은〉

이뮤엘 작사, 윤주리 · 신아름 작곡

사례 5

요즘 제이가 가장 자주 듣는 곡은 자기 가치에 대한 곡이다. 제이는 항상 자신이 쓸모없다고 생각하고 이러한 낮은 자기 가치감에 우울한 삶을 살아왔다. 어느 날 머라이어 캐리(Mariah Carey)의 〈히어로(Hero)〉라는 노래를 들으면서 우리 모두 영웅적인 면모를 갖고 있으며 현실에서 이를 실현해야 한다는 메시지에 힘이 나기 시작했다. 이 노래를 반복해서 듣고 가사를 따라 부를수록 자신에 대한 태도는 물론 삶의 태도까지 변하는 것을 느꼈다. 그동안 제이는 새로운 시도를 했다가 실패하면 자신을 더 무가치하게 느낄까 봐 두려워서 도전을 마다하고 소심한 삶을 살아왔다. 하지만 이제 제이는 자신 안에 있는 영웅적인 존재를 삶에서 드러내 줄 필요가 있다는 생각이 들어서 새로운 계획을 세우기 시작하였다.

There's a hero

If you look in side your heart

You don't have to be afraid

Of what you are

There's an answer

If you reach in to your soul

And you know you can survive

So when you feel like hope is gone

Look inside you and be strong

And you'll finally see the truth

That a hero lies in you

It's a long road

When you face the world alone

No one reaches out a hand

For you to hold

You can find love

If you search within yourself

And the sorrow that you know

Will melt away

And then a hero comes along

With the strength to carry on

And you cast your fears aside

And the emptiness you felt

Will disappear

Lord knows

Dreams are hard to follow

But don't let anyone

Tear them away

Hold on

There will be tomorrow

In time you'll find the way

　이 외에도 노래는 현실에 대한 불만 또는 변화를 고민하는 대상에게 용기와 긍정적인 시각을 제시한다. 현재의 어려움이 과정의 한 부분일 뿐이며 궁극적으로는 발전과 목표점으로 가는 길이라는 것을 스스로 상기한다. 현재의 어려움을 알아차리고 이를 인정하고 받아들이면서 감내하는 힘을 기른다. 이러한 가사는 현재 삶을 영위하는 데 필요한 심리적인 힘과 긍정적인 시각을 심어 준다.

　결론적으로 음악과 언어의 복합체인 노래는 각기 다른 차원에서 인간의 욕구를 충족시켜 준다. 결핍된 내적 자원과 지지, 친밀감, 관계 등 공유하고 공감할 수 있는 감정적 주제도 다루어 준다. 감정은 물론 욕구, 추구하는 꿈 등 집단 무의식에 내재된 정서를 외현화해 주는 역할도 한다. 특히 현실과 욕구를 중재하는 자아는 효과적으로 기능해야 하는데, 노래는 가사를 통해 여러 가지 삶의 문제와 이를 보는 시각을 넓혀 줌으로써 자아를 강화시켜 줄 수 있다.

Summary

- 목소리의 주 기능은 표현과 소통이다. 대인 간의 소통은 물론 의술이 발달하기 전에는 아픈 사람들의 치료를 위해 자연과 신적 존재와 소통하는 데도 사용했다.
- 인간은 생애 초기부터 음성적 상호 작용을 통해 주변 환경과 소통하는 능력을 배우고 심리적 유대감을 형성해 나간다. 또한 성장 과정에서 자신의 필요와 욕구를 반영한 진실된 목소리 대신 외부에서 요구하는 현실적인 목소리에 점차 익숙해져 간다.
- 인간이 일상에서 겪는 심리 사회적 경험들, 특히 어린 시절의 심리 정서적 외상은 인격 형성에 영향을 미치며 목소리의 질과 사용 패턴에 반영된다.
- 언어와 음악의 복합체인 노래는 일차적 차원과 이차적 차원 모두에서 동시에 수용된다.
- 호흡은 신체 운동 기능으로 심리 정서적 상태를 조율한다. 안정적인 호흡 유지에는 신체적 요인뿐 아니라 정신적·인지적·정서적·심리적 요인도 관여한다.
- 토닝은 특정 톤과 모음으로 소리를 내는 것으로, 신체를 공명하고 긴장된 몸의 부위에 진동을 제공하여 몸의 물리적·감정적·정신적 상태를 조율해 준다.
- 노래는 무의식에 있는 욕구를 의식화할 뿐 아니라 승화시켜 주는 매개체로 기능할 수 있다. 이를 역으로 활용하면 노래를 통해 내면과 삶의 문제를 규명하고 심리적인 힘을 강화시켜 줄 수 있다.

제8장

연주심리치료

초등학교 시절 음악 시간에 배우는 간단한 피리 연주부터 오랜 기간 개인 교습이 필요한 피아노까지, 대부분의 사람들은 아주 잠깐이라도 악기를 배워 본 경험이 있을 것이다. 하지만 이런 배움의 과정을 통해 연주 기술을 습득했으면서도 사람들은 자신의 음악적 소양을 과소평가하는 경우가 많다. 이는 연주 수준을 떠나 악기를 연주하는 그 자체가 얼마나 치료적인지 알지 못하기 때문이다. 이 장에서는 연주를 통해 어떠한 내적 성장을 이룰 수 있는지, 또한 음악을 만듦으로써 성취할 수 있는 심리 정서적 이점과 연주의 치료적 기능은 무엇인지 살펴보겠다.

1. 놀이로서의 음악

모든 인간은 심미적 경험을 추구하는 성향을 가지고 있다. 이러한 관점에서 인간은 '호모 에스테티쿠스(Homo Aestheticus)'라고도 일컬어진다 (Dissanayake, 1980). 인간은 심미적 욕구를 지니고 태어나며, 이것은 의식주 욕구만큼이나 중요하다. 또한 인간은 선천적으로 음악적 존재다. 신생아를 보면 이러한 사실을 알 수 있는데, 신생아는 그 어떤 자극보다도 엄마의 억양과 노래에 반응하고 자장가를 통해 엄마와 유대 관계를 맺는다.

빅터 주커칸들(Victor Zuckerkandl)은 모든 인간은 음고와 리듬에 정서적으로 반응하는 내재된 성향을 지니고 있다고 하면서, '호모 무지쿠스(Homo Musicus)'라고 명명하였다. 또한 인간에게 내재된 음악성은 몇몇 사람만이 가질 수 있는 특별한 재능이 아니라, 음악적으로 반응하고 표현하며 창조할 수 있는 기본적인 소양이라고 하였다(Zuckerkandl, 1973).

이 두 가지 개념에 근거하여 작곡가인 노도프(Nordoff)와 특수 교사인 로빈스(Robbins)는 다양한 교육 및 임상 현장에서 장애가 있는데도 불구하고 음악에 본능적으로 반응하는 아이들을 접했다. 이들은 인간이 가진 음악적 속성을 '음악 아이(music child)'라고 지칭하면서(Nordoff & Robbins, 2007), 수용적이고 안정된 환경에서 내재된 음악 아이가 실현된다고 하였다. 즉, 자아와 독창성이 확인 및 수용되고, 선율과 리듬을 이용한 적극적 음악 만들기를 통해 위축되지 않고 자유롭게 자신을 표현할 때, 비로소 음악 아이가 실현된다는 것이다.

그렇다면 인간의 음악 아이는 성장하면서 어떻게 변화되는 것일까? 누구나 어린 시절 음악에 맞춰 몸을 들썩이거나 노래를 불렀던 경험이 있을 것이다. 특히 주위의 어린아이들을 보면서 자신도 한때 그렇게 아무런 조건이나 제약 없이 음악에 반응하고 즐거워했다는 사실을 떠올릴 수 있을 것이다. 이처럼 자유롭게 음악에 반응하고, 즐기고, 탐색하고, 몰입하고, 표현하는 행위를 '음악하기(musicing)'라고 한다.

음악하기는 엘리엇(Elliot, 1995)이 처음 소개한 개념이다. 음악하기에는 음악을 만드는 다섯 가지 활동, 즉 연주하기, 즉흥 연주하기, 작곡하기, 편곡하기, 지휘하기가 모두 포함된다. 바꿔 말하면, 하나의 활동이 개별적으로 수행되는 것이 아니라 모든 것이 동시에 복합적으로 이루어진다는 것을 전제로 한 개념이기도 하다. 예를 들면, 즉흥적으로 연주하는 과정에서 음악이 만들어지고 부분적으로 편곡되어 연주될 수도 있다. 음악을 만드는 경험에 이러한 활동이 모두 포함되는 것이다.

음악 놀이를 통해 인간은 통제감과 주도력을 실현한다. 통제감은 어떤 대상이 자신의 의도대로 반응하면서 기대에 부응했을 때 얻어지는 정서적 만족감이다. 주도력은 자신이 원하고 계획한 방향으로 앞장서서 일을 진행함으로써 자신의 역량과 심리적 힘을 확인할 때 경험하게 된다. 그러므로 자유로운 음악 만들기는 이를 충분히 충족시켜 주고 더 나아가 자기 역량과 능력도 확장시켜 준다. 이 외에도 연주를 통해 인간의 다양한 측면이 발달하는데, 감각에 대한 인식력, 지각력, 사고력, 주의력, 조직력, 기억 보존력, 느낌을 감지하는 능력 등이 그것이다. 특히 합주의 경우에는 소통 능력, 자기지각력, 충동 조절력, 관계 인식력, 집단 주도력 등이 발달한다.

> **사례 1**
>
> 보리는 어릴 때 비교적 소극적이고 조용한 편이었다고 한다. 엄격한 부모님 밑에서 자유로운 표현이 용인되기보다 조신한 언행을 교육받으며 자랐다. 그런데 한 가지 흥미로운 기억이 있다고 했다. 어릴 때 피아노를 배웠는데, 연주 역량이 높아져도 곡의 다이내믹을 잘 소화하지 못했다고 한다. 곡을 연주할 때 전체적으로 강약조절이 안 되고 항상 너무 크게 연주했다는 것이다. 선생님으로부터 계속해서 지적을 받았지만 항상 작게 치는 데 어려움이 있었다고 한다. 시간이 지난 지금 돌이켜 보면, '음악에서만큼은 자신을 마음껏 표현하고 싶었던 내면의 욕구가 아니었을까'라는 생각이 든다고 했다. 엄격한 부모님 탓에 누구에게도 마음을 표출할 수 없었는데, 음악에서만큼은 가장 크게 소리를 내고 싶었다고 했다. 소리의 울림을 통해 자신의 존재감을 확인받고, 마음 내키는 대로 소리를 낼 수 있는 자신만의 음악적 통제감이 상쾌했다는 것이다.

2. 악기의 정신 분석적 상징성

악기는 음악을 만들고 연주하는 도구로 연주자의 표현 심리와 그 강도를 대변해 주는 역할을 한다. 연주자가 선택한 악기와 그 악기로 연주한 음악의 연주 스타일을 통해 연주자의 심리적 상태와 내면적인 문제를 알 수 있다 (Bruscia, 1987).

악기는 크게 타악기, 현악기, 관악기로 나뉘는데, 이는 연주 방법과 소리 산출 원리에 따라 분류한 것이다. 타악기는 두드림을 통해 악기 표면에 진동을 가해 소리가 만들어진다. 타악기에는 북처럼 음고가 없는 악기와 자일로폰처럼 음고가 있는 악기가 있는데, 음고가 있는 악기는 각기 다른 길이의 나무 피스(piece)나 현의 길이를 채로 두드려서 다양한 음고를 생성해 낸다. 관악기는 호흡을 이용하여 소리를 생성하는데, 마우스피스(mouth piece)에 연결된 관에 공기를 불어넣어 음을 산출한다. 이때 덮개를 여닫으면서 소리의 높낮이를 조절하는데 관의 길이와 넓이에 따라 소리의 깊이와 크기가 다르다. 마지막으로, 현악기는 활을 현에 마찰시켜서 현을 진동하게 하여 음을 생성하며, 손가락으로 현을 눌러 길이를 조절하면서 다양한 음고를 만들어 낸다.

이렇게 악기는 종류에 따라 각각 다른 방식으로 소리를 산출해 낸다. 정신분석학에서는 연주자가 선택하는 악기는 무의식에 잠재되어 있는 연주자의 욕구를 반영한다고 한다. 한 예로, 현악기는 항문기적 욕구를 충족시켜 준다고 한다. 현악기는 음고를 직접 하나하나 만들어서 연주해야 하는 매우 조작적인 악기군이다. 음고 또한 매우 민감하며 무엇보다도 오른손과 왼손의 기교가 필요하다. 다시 말해서, 연주 시 음의 질, 기교, 아티큘레이션 기술이 무엇보다도 요구된다. 즉, 매우 예민하고 통제적인 성향이 요구된다.

목관이나 금관 악기는 호흡을 통해 연주한다. 관악기 연주는 구강을 통해 이루어지므로 구강기적 욕구를 가진 연주자가 주로 선택한다고 한다. 물론 이러한 해석은 인간의 음악적 행동이 무의식적인 욕구와 연관되어 있다는 정신 분석학적 전제 아래 제시되었다.

주로 운동적 행동과 손의 조작을 통해 연주되는 타악기는 연주한 음악의 강도와 역동성이 직접 신체로 전해진다. 즉, 타악기는 매우 감각적(kinesthic)이며 신체적(somatic)인 악기다. 타악기 연주는 에너지를 직접 다루기 때문에 기질적으로 충동성이 매우 높은 사람이거나 반대로 너무 내성적이라서 다른 방법으로는 표현을 전혀 하지 않는 사람이 주로 선택한다.

기질과 성향에 따라 악기를 선택하는 경우가 많은데, 우리나라 사물놀이에서 사용하는 악기는 각각 그 성향이 명백하게 구별된다. 사물놀이는 꽹과리, 징, 장구, 북의 네 악기로 이루어진다. 네 악기의 조화를 보면 음양의 이치에 따라 쇳소리, 가죽 소리로 구성되며, 가락을 보면 낮은 가락의 징은 어른을, 잔가락은 아이를 뜻하고 있다(김우현, 1995). 꽹과리와 장구는 기교를 갖고 잔가락을 연주하는 반면, 징과 북은 굵은 가락을 담당하면서 중추적 역

〈표 8-1〉 사물놀이 악기의 리듬 패턴 예시와 연주자의 역할 특징

악기	리듬 패턴 예시						리듬적 특징	연주자 역할
꽹과리	○-○ 깽-지	○-○ 깽-지	○-○ 깽-지	○-○ 깽-지	○-○ 깽-지	○-○ 깽-지	• 빠른 템포의 하위 분할 • 지배적인 전경 리듬(엇박 및 붓점)	• 리더십 및 주도력 수행
장구	① 덩	○-l 궁-따	○ 궁	①-l 덩-따	○-l 궁-따	○ 궁	• 전경 리듬과 배경 리듬의 조화	• 리더를 지지하면서 다른 이들과 연결
북	○ 둥	○ 둥	○ 둥	○ 둥	○ 둥	○ 둥	• 규칙적인 배경 리듬	• 지지 및 조력
징	○ 징			○ 징			• 느린 템포의 정박 • 지배적인 배경 리듬	• 연주자 모두를 지지하는 온전한 지지자

할을 하기 때문에 어른이라고 한다. 즉, 꽹과리와 장구는 매우 주도적인 역
할을 하며 징과 북은 리듬 배경이 두드러진 리듬을 연주하면서 다른 악기를
지지해 주는 모성적인 역할을 한다. 악기 간의 역할과 연주자의 성향이 역동
적으로 소리를 만들면서 음악을 연주하는 것이다(〈표 8-1〉 참조).

3. 연주의 개인 내적 의미

인간이 일상에서 느끼고 체험한 것들을 표현하는 것은 삶에 깊이를 더해
준다. 하지만 인간은 삶에서 모든 것을 표현하기보다 대개 마음속으로 억압
하는 경향이 있는데, 이는 굳이 표현하여 불편한 감정을 느낄 필요가 없다
고 생각하기 때문이다. 불행히도 이러한 억압은 건강에 도움이 되지 않는다.
그러다 보니 우리는 삶의 의미와 존재감을 확인하기 위해서 내면의 다양
한 욕구와 감정을 승화시키거나 적절하게 표현해야 하는 과제를 안고 산다
(Aldridge & Aldridge, 2009).

연주는 능동적으로 악기를 조작하여 음악을 만드는 행위다. 연주를 한다
는 것은 자신의 역량과 힘을 소리로 확인하는 기회라고 볼 수 있다. 브루시
아(Bruscia, 1998)는 인간이 환경과 관계를 맺는 패턴은 개인별로 각기 다르
며, 이러한 패턴은 일정하게 유지된다고 하였다. 이러한 관계 형성은 과거의
경험과 다른 대상과의 관계에서도 유사한 패턴을 보이는가 하면, 동시에 상
황의 특성에 따라 약간의 창의적인 차이를 보이기도 한다.

음악에서도 이러한 예를 볼 수 있다. 아무리 다른 곡이라도 한 사람이 여
러 곡을 연주하면 음악 간에 조금의 유사성을 관찰할 수 있다. 반면, 똑같
은 곡이라도 시간과 장소, 상황이 다르면 연주 방법과 분위기가 다를 수밖에
없다. 즉, 한 사람의 음악 재창조는 적절히 다르면서도 일관적이다. 항상 빠
르게 연주하는 사람은 어떠한 음악이든 본래 빠르기보다 연주가 앞서가는
성향을 보일 것이고, 항상 크게 연주하는 사람은 악보에 아무리 '작게(p)'라

는 표시어가 있더라도 상대적으로 크게 연주하는 성향을 보일 것이다. 이는 연주되는 음악이 바로 '그 사람'의 음악이기 때문이다.

연주 행동은 인간 행동의 한 부분이므로 음악적 행위에서도 연주자의 패턴을 찾아볼 수 있다. 개인 내적 차원에서는 음악이 어떻게 연주자의 사고, 가치, 갈등, 감정, 동기 등에 영향을 미치는지, 개인 간 차원에서는 집단과 또래의 관계에서 음악이 어떻게 연주자의 소통력, 상호 작용 기술, 관계 형성 기술 등에 영향을 미치는지 볼 수 있다(Bruscia, 1995). 또한 연주자의 행동에서 일관적으로 보이는 패턴과 상황적 특성에 따라 달라지는 행동에는 어떠한 차이가 있는지, 그리고 그 변화는 어디에서 기인하는지 볼 수 있다.

연주자로서 가장 중요한 부분은 음악을 하나의 놀이로 즐기는 능력이다. 만약 음악을 하나의 '놀이(play)'로 본다면 연주는 보다 개인의 고유성과 창의성을 발현할 확률이 높아질 수 있다. 반대로 어떤 곡을 의식적으로 연주한다면 특정 규율과 기대 수준 및 기교 등을 의식해야 하므로 자유로울 수 없게 된다. 그러므로 연주자가 자신의 음악 아이를 얼마나 실현시키고, 음악 안에서 스스로를 드러낼 수 있는지가 매우 중요하다.

음악심리치료에서 연주 행위는 자아의 확장으로 분석한다. 즉, 내면의 생각과 감정을 언어(말)가 아닌 비언어적인 매개로 표현하여 이성이나 사고의 과정을 거치지 않고도 정서를 그대로 소리의 형태로 변환한다. 또한 연주자 본인의 존재감을 소리의 형태로 확인하는 과정이기도 하다. 연주자의 내면의 상태를 소리의 형태로, 연주 강도는 자신이 느끼는 감정의 강도를 표현해 주기에 자신의 내면을 탐색하는 과정으로 활용할 수 있다. 소리의 강도에 따라서 마음 상태의 강도와 세기를 확인하는 계기가 된다.

프로이트는 우리의 무의식이 언어로 표현할 수 없는 것들을 상징(symbol)을 통해 표현한다고 하였다. 언어는 어떠한 사건에 대해 일러 주는 역할을 한다. 어떠한 감정(mood)에 대해 설명하거나 연상하는 것은 언어로 할 수 있지만, 감정을 실제 느끼는 것은 경험을 통해서만 알 수 있다. 이와 유사하게, 책이나 글은 피아노를 치는 법에 대한 설명, 피아노가 가진 정서, 피아노 연주와 관련된 환상 등에 대해 설명할 수 있지만, 실제 연주 기술을 강화시켜 주지 않는다. 즉, 삶은 행동이며 실제로 행해야 하는 것들로 채워져 있다.

음악은 이러한 삶의 여러 측면과 관련된 정서를 경험 또는 재경험하도록 해 주며, 인간의 인지, 감정, 동작, 대인 관계와 상호 작용 등 전인적인 경험을 음악 안에서 가능하게 한다. 그러므로 연주 행위, 즉 음악 만들기는 총체적 경험이며 인간이 가진 여러 성향의 통합을 이끌어 내는 힘을 가지고 있다.

4. 연주의 대인 관계적 의미

사람이 모여 음악을 만드는 행위는 인류의 역사와 함께해 왔다. 인간은 초기 인류 역사에서부터 종교와 의식, 일상에서 항상 음악을 사용해 왔다. 공동의 목표를 위해 음악을 같이 만들었으며 이런 집단적 체험은 더욱 특별한 집단 응집력을 만들어 냈다.

음악의 기능 중 하나는 타인 간의 관계 형성을 위한 채널을 형성하는 것이다. 여러 사람이 하나의 곡을 같이 연주하면서 음악적 채널을 형성한다. 이 과정에서 서로의 음악을 경청하고 이에 맞춰 연주하면서 상호 작용을 하는 음악적 공간이 주어진다. 이렇게 음악이 여러 사람을 공통의 공간으로 초대하고 하나로 이어 준다는 의미에서 '컨테이너(container)'라는 개념이 나왔다. 이 컨테이너 안에는 각자의 정서와 에너지, 욕구 등이 모두 소리로 표현되어 상호 작용한다. 때로는 서로를 모방하기도 하고 주고받는 대화 형식으로 소통하기도 한다. 인간이 언어로 소통하듯이 음악을 통해서도 타인과 소통할 수 있다.

특히 합주에서는 이러한 정신역동적 프로세스가 활발히 이루어진다. 타인과의 연주에서 나타나는 음악적 상호 작용은 다양한 역동을 불러일으킨다. 브루시아(1987)는 인간의 사회적 상호 작용 및 행동은 음악적 행동에 반영되며, 이와 반대로 음악적 행동도 사회적 행동에 반영될 수 있다고 하였다. 즉, 개인이 가지고 있는 내적 정서와 이에 따른 사회적 기술은 어떠한 상황에서든 음악적 행동으로 전이될 확률이 크다는 것이다.

이러한 전제는 연주된 음악을 통해 연주자의 심리를 읽어 내고 분석하는 데 매우 중요한 근거로 작용한다. 사회적 또는 관계적 역동을 음악적 역동에 비추어 분석해야 하므로, 연주를 통해 관계적 역동성이 어디에서 어떻게 일어나는지를 분석한다. 음악적 상호 작용을 통하여 내담자의 인성적 성향과 특성을 볼 수 있는데, 크게는 주도하는 사람(leader)과 따르는 사람(follower), 폐쇄적인 사람(closed)과 열려 있는 사람(opened), 드러내려고 하는 사람(visible)과 드러나지 않으려 하는 사람(invisible), 적극적으로 참여하는 사람(participating)과 포기하고 중단하려는 사람(withdrawing) 등으로 나눌 수 있다.

이 외에도 타인과의 관계에서 연주자가 어떠한 관계적 역동을 형성하는지를 음악의 요소 중 특히 리듬을 통해 볼 수 있다. 〈표 8-2〉는 다른 연주자와 어떻게 맞추어 가는지, 그 안에서 독립성을 표명하는지, 자신의 개인성을 가시화하는지 등을 분석하기 위해 리듬을 중심으로 하는 틀을 제시한 것이다. 즉, 대인 관계적 측면에서 자신의 음악과 타인의 음악을 어떻게 조율하고 맞추어 가는지를 해당 분류를 통해 확인할 수 있다(정현주, 2019에서 재인용).

〈표 8-2〉 관계적 역동성의 유형

관계적 역동성	음악적 역동성	음악적 예시
타인 중심/ 자신 대립	연주에서 자신의 음악을 규명하기보다는 타인의 음악에 맞추는 역할을 하면서 타인의 음악을 지지해 줌	타인의 빠른 템포에 맞춰 자신의 느린 템포를 포기함
타인 중심/ 자신 분리	타인의 음악을 따라가되, 무조건 지지하는 수준이 아닌 약간은 독립된 선에서 자신의 음악을 연주함	타인의 빠른 템포에 맞춰 자신의 템포를 한 단계 하위 분할하여 연주함

타인 중심/ 자신 중심	타인의 음악과 자신의 음악을 균형감 있게 살리면서 연주를 진행함. 두 가지 모두 분명한 경계선을 의식하면서 음악을 만들어 감	타인의 **빠른** 템포와 자신의 **느린** 템포의 중간 지점을 유도하기 위해 단계적으로 템포를 조율함
자신 중심/ 타인 분리	자신의 음악을 만들면서 전체적으로 연주의 방향을 본인의 의도와 표현을 중심으로 이끌어 옴	타인의 **빠른** 템포를 자신의 **느린** 템포로 유도함
자신 중심/ 타인 대립	기존의 연주와 달리 자신의 음악을 제시하면서 전체적인 변화를 주입시키면서 연주를 이끌어 감	자신의 **빠른** 템포를 고수하고 타인의 **빠른** 템포를 수용하지 않음

5. 즉흥 연주의 치료적 특성

즉흥 연주는 자유롭게 어떤 주제에 대해서 음악을 만드는 과정을 말한다. 기존의 음악을 연주하는 것이 아니라 새롭게 다양한 소리를 음악적 형태로 만들어 내는 모든 창작 활동을 포함한다. 자유로운 표현이므로 조성 악기보다는 타악기를 주로 사용하며, 연주 형식도 연주자의 주도로 시작하고 마무리된다. 그룹 즉흥 연주인 경우에는 음악적 상호 작용 내에서 자연스럽게 종지된다.

1) 즉흥 연주와 동일시

연주는 다양한 심리 정서적 이슈를 대변한다. 마음대로 연주할 수 있는 장이 주어지면, 연주자는 연주 과정에서 스스로 음악과 '동일시'한다. 연주에서의 동일시는 무의식적으로 악기나 연주 방법에 자신과 관련된 면모를 투영하고 일치시키는 것을 말한다. 대표적으로 자신의 정서를 대변하는 악기 음색을 선택하고, 표현에 가장 적합한 연주 방법을 선택한다. 예를 들어, 부드러운 성격의 소유자는 공명이 풍부한 차임트리를 선택하고, 매우 경직되고 긴장이 높은 성격의 소유자는 공명이 없는 템플 블록을 선택할 수 있다. 악기가 가진 음향적인 특성은 물론이고, 이러한 음향이 상징하거나 연상시키는 정서적 특성을 토대로 개인적인 음악을 만들어 내는 것이다.

　즉흥 연주는 연주 과정에서 연주자가 어떠한 연주를 하냐에 따라 자신의 개방성(openness)과 수용력을 보여 준다. 예를 들어, 하나의 선율을 주제로 주고 이 주제를 다양하게 연주해 보라고 하면, 수용력이 없는 사람은 변주의 폭이 매우 좁거나 경직되기 쉽지만 모험적이고 도전적인 성향의 사람은 매우 큰 폭으로 변주할 것이다(Smeister, 2005).

　수동적이고 내성적인 성향을 가진 연주자는 구조적인 진행과 기존의 음악적 규율에 순응하면서 안정감 있는 연주를 보여 줄 것이다. 반대로 내재된 심리적 긴장감이 높은 연주자는 긴장을 분출할 수 있는 발산적인 연주를 시도할 것이다. 이처럼 즉흥 연주는 악기 선택에서부터 연주 행위에 이르기까지 연주자의 다양한 인간적 측면을 보여 준다.

　한 예로, 두 내담자와 3개 음을 선택해서 자유롭게 선율을 만들어 보는 연주 활동을 했다고 하자. 두 사람이 어떤 음을 선택하고 어떻게 연주하는지에 따라 그 사람의 성향을 볼 수 있다.

　내담자 A의 경우 C, D, E를 선택하였고 치료사와 화음을 넣어서 자유롭게 연주를 한다. 선택된 음들 간의 좁은 음악적 공간으로 인해 치료사 화음 전개 또한 제한적이다. 내담자 B는 G, A, D를 선택하였고, 치료사 역시 화음을 전개하면서 같이 연주할 때, 상대적으로 A보다는 열린 음악적 공간을 경험할 수 있다. 음의 선택은 내담자의 정신적 또는 창의적 여유를 상징하기도 하고, 표현하고자 하는 다양한 정서의 음악적 어휘(vocabulary)로 활용될 수 있다(〈표 8-3〉 참조).

　즉흥 연주에서 만들어지는 선율 및 리듬 진행은 연주자의 사고와 감정이 어떻게 진행되는지를 담고 있다. 스마이스터(Smeister, 2005)는 이 개념을 스턴(Stern)의 발달 이론을 빌려 설명하였다. 스턴의 발달 이론에 의하면 인간의 감정 표현은 행동화되기 마련인데, 인간의 음악 행동 또한 인간 행동

〈표 8-3〉 연주 시 내담자 선택 음에 따른 음악적 공간과 폭

내담자	선택된 음	연주(치료사의 화음)	분석
A	C, D, E		좁은 음악적 공간
B	G, A, E		넓은 음악적 공간

의 한 부분이기 때문에 일관성을 지닌다고 하였다. 즉흥 연주에서는 음악의 모든 요소가 연주자의 비음악적 면모를 대변한다고 볼 수 있는데, 스마이스터(2005)는 이를 음악적 비유(analogy)라고 개념화하였다. 비유에는 상황적(non-specific) 비유와 구체적(specific) 비유가 있다(Smeister, 2005). 상황적 비유는 비음악적 환경에서 나타나는 연주자의 행동이 그대로 음악적 환경에서 나타나는 것을 말한다. 어떤 사람이 노래와 악기 연주를 모두 거부한다면, 그 사람은 실제 일상에서도 활동 자체를 모두 거부하는 성향을 가지고 있을 것이다. 구체적 비유는 이러한 연주자의 성향이 음악적 표현 안에서 보이는 경우를 말한다. 앞의 예를 사용해서 설명하면, 악기를 선택해서 같이 합주는 하되 다른 사람의 연주를 듣지 않고 전혀 맞추지 않으며 독단적으로 연주하는 경우를 가리킨다. 이러한 비유는 음악 안에서 보인 행동이 그 연주자의 인간적 면모의 한 측면이라는 사실을 명료하게 보여 준다.

2) 즉흥 연주와 역량 확장

즉흥적으로 만들진 음악 공간에서는 어떠한 표현이든 허용되고 받아들여진다. 즉흥 연주에서는 기존의 곡을 연주하는 것이 아니라 특정 주제를 정하고 악기를 선택해서 기존의 음악적 규율에 구애받지 않고 원하는 대로 표현할 수 있다. 이러한 즉흥성은 자유롭게 자신만의 소리를 만들 수 있는 이점을 가지고 있으며, 창조성을 촉구해 주고 더 나아가 자기실현을 도모한다.

매슬로우(Maslow)는 인간의 가장 보편적인 성향 중 하나가 창조성이라는 사실을 제기하면서, 창조성은 누구에게나 잠재되어 있으며 환경에 따라 발휘된다고 하였다. 또한 창조적 작업을 통해 인간의 잠재력을 탐색하고 표현할 수 있다고 하였다. 이러한 창조성은 '절정 경험(peak experience)'으로 이어지기도 한다. 여기서 '절정 경험'은 심미적 경험, 창조적 순간, 지적 통찰력, 영적 경험, 자연에 대한 경험, 경기에서 맛보는 성취감, 사랑하는 사람과 만나는 순간 등 최상의 행복감과 완성감을 느끼는 순간에 경험된다.

로저스(Rogers, 1964)는 절정 경험을 체험하는 사람은 그 순간 자신의 잠재력을 최대로 발휘한다고 하였으며, 이를 '온전히 기능하는(fully functioning)' 상태라고 표현하였다. 온전히 기능하는 사람은 타인의 시각이나 평가에 연연하지 않고 본인이 가진 모든 것을 발휘하고 이를 즐기는 존재를 의미한다. 이 과정에서 자신이 보유한 능동성과 창의성이 발휘되며, 자신이 노력한 부분에 대한 보상을 충분히 만끽하는 동시에 자기 가치감이 상승한다. 이러한 긍정 정서와 각성은 생산적인 에너지를 재충전하게 하며, 스스로 결정을 내릴 수 있는 존재라는 사실을 재확인하고, 자기 자신에 대한 확신을 얻게 된다. 통제소가 자신에게 있기에 훨씬 더 자발적인 태도를 보이게 되고, 표현이 풍부해지며, 느끼고 생각하는 것을 자신 있게 보여 줄 수 있다. 이러한 온전함은 내재된 자신만의 역량을 확인하고 실현하는 계기를 제공해 준다.

연주자는 연주하는 과정에서 이러한 '절정 경험'을 하게 되고, 이를 통해 자신이 '완전히 기능한다'는 체험을 한다. 연주자에게 절정 경험은 오롯이 음악 창작에 몰입하여 외부와 의식적으로 완전히 단절된 상태이며, 이 과정에서 자신의 모든 잠재력이 발현된다. 절정 경험에서 느끼는 의식 수준은 '전치된 의식 상태(altered state of consciousness)'인데, 일시적일지라도 현실이 아닌 음악에 몰입할 때 경험하게 된다. 이러한 경험은 자기실현을 가능케 하며 '나' 자신을 받아들이고 내면의 갈등이나 불안에서 벗어날 수 있게 한다. 또한 체내에 있는 유기적 에너지(organic energy)를 만나게 해 준다. 창조적이며 심미적인 연주 경험은 내재된 모든 감정과 인지, 직관력의 통합을 경험하게 하며 보다 생산적인 역량을 강화해 준다(Ruud, 1995).

연주는 연주자의 심리적 상태와 감정, 존재감을 대변한다. 자신이 내고자 하는 소리가 울림을 통해 반영되고, 이러한 소리가 타인들의 음악과 어우러지면서 인간적 존재감이 음악적 존재감으로도 이어지기에 자기실현의 최고점에서 절정을 경험하는 경우가 있다. 삶의 공간에서 느끼는 자신의 존재감이 음악적 공간으로 확장되어 체험될 때 더더욱 자신이 지닌 모든 면모가 온전히 기능하고 있음을 확인받을 수 있다. 음악의 기본적인 틀과 방향성에서 얼마든지 자신의 방법으로 자유롭게 연주할 수 있는 음악 공간은 바로 음악적 존재감을 위한 공간인 것이다.

사례 2

제이는 재즈 연주가다. 제이의 연주가 특별한 이유는 음악을 한 번도 배우지 않았고 악보를 읽는 법도 모르지만, 소리를 통해 연주를 익히고 합주를 배웠기 때문이다. 이후 제이에게 음악 교육을 제안한 사람도 있었지만, 제이는 악보에서 제시하는 연주 방법과 틀에 얽매이지 않고 스스로 음악적 흐름을 느끼고 자신만의 표현 공간을 탐색하는 것이 너무 행복하다고 하였다. 그리고 그러한 연주가 행복하게 와닿는 이유는 '연주가 삶의 한 상징'이기 때문이라고 하였다.
음악이라는 시간적 예술은 하루하루 지나가는 인생의 시간적 흐름과 같다. 그 안에서 기본적인 틀을 수용하는 것과 자신을 지키면서 살아가는 것, 두 가지 딜레마의 균형을 잡으면서 살아 내는 것이 곧 예술적 삶이다. 악보에 쓰인 것을 그대로 연주해 내는 것은 정해진 것을 수행하는 또 하나의 규율이므로 음악에서만큼은 기존의 음악적 방향성을 지키되 카덴차와 같은 허용된 음악적 공간에서는 솔로 연주를 하면서 음악을 만들어 나가고 싶다는 것이다. 특히 카덴차는 자신이 온전히 수용되고 들리는 살아 있는 실존적 순간이라고 하였다. 어떻게 연주하든 그 연주는 연주자의 산물이기에 비판 없이 받아들여진다는 것이다. 이렇게 관중들에게 수용되는 체험을 통해 자기실현과 자기 가치감이 강해진 것을 느낀다고 하였다.

Summary

- '호모 에스테티쿠스'이자 '호모 무지쿠스'인 인간에게는 음악에 정서적으로 반응하는 기본 소양이 내재되어 있다. 이를 토대로 '음악 아이'라는 개념이 도출되었는데, 음악 아이는 음악 경험 내에서 위축되지 않고 자유롭게 자신을 표현할 때 비로소 실현될 수 있다.
- 악기는 정신 분석적 측면에서 그 자체만으로도 일종의 상징적 의미를 지니며, 연주자가 선택한 악기와 연주한 음악적 특성을 통해 연주자의 심리적 상태와 내면적인 문제를 알 수 있다.
- 연주는 개인의 내적 욕구와 관계적 욕구를 소리로 확인하게 해 준다. 개인 내적 차원에서는 연주자의 사고, 가치, 갈등, 감정, 동기 등을 확인할 수 있으며, 관계적 차원에서는 연주자의 소통력, 상호 작용 태도, 관계 형성 기술 등을 확인할 수 있다.
- 음악은 삶에서 겪는 다양한 정서들을 경험 또는 재경험하도록 해 주며 인지, 감정, 상호 작용 등 총체적 경험을 가능하게 한다.
- 즉흥 연주 시 연주자는 스스로를 음악과 동일시하게 되며, 연주하는 과정에서 통제력과 결정력, 절정 경험을 통해 자신이 온전히 기능하고 있음을 경험할 수 있다. 이러한 긍정적 음악 경험은 개인의 역량 확장으로 이어지게 된다.

제9장

음악의 동작 활성화 기능

음악 요소인 리듬은 인간의 생리적·심리적 요인뿐 아니라 신체 움직임과도 연결된다. 즉, 리듬에 대한 인간의 반응은 심장박동이나 호흡 같은 생리적 반응뿐 아니라 걷기, 춤추기 등 운동 반응과 행동으로도 이어진다. 이러한 과정에서 음악은 소리 자극으로서 움직임과 동작을 구조화할 뿐 아니라 움직임을 촉구하는 동기(motivation) 및 정서적 각성을 도모한다. 이 장에서는 감상을 통해 전달된 음악이 어떻게 동작을 촉진하고 구조화하는지 살펴보겠다.

1. 동작의 시간성과 동조화

음악의 리듬은 인간의 신체 리듬과 만나고 이는 운동 반응에 영향을 미친다. 리듬은 시간에 근거해서 일어나는 사건이다. 운동 반응은 일련의 근육 반응들이 시간적으로 조직화되어 일관적이고 규칙적으로 일어나는 반응을 말한다. 감상자는 리듬의 시간적 패턴에 따라 제시된 비트의 길이와 강도,

시간적 간격 등을 지각하게 된다.

리듬은 신체 내부의 '타임 키퍼 기능(time keeping mechanism)'을 활성화하여 움직임을 조직화한다. 이 모든 과정의 중심에는 '동조화'가 있다. 동조화란 서로 다른 주기의 움직임을 가진 객체들이 시간에 따라 점차 하나의 주기에 맞춰 통합되는 것으로, 약한 주파수가 더 강한 주파수의 진동을 따라가는 특성을 보인다(Goldman, 1988, p. 28).

예를 들어, 서로 다른 주기로 움직이는 2개의 진자가 있다고 가정해 보자. 이 두 진자는 하나로 이어진 나무 판자 위에 놓여 있다. 처음에는 서로 다른 패턴을 보이던 두 진자의 움직임이, 일정 시간이 지나면서 점차 하나의 주기로 맞춰져 통합된다([그림 9-1] 참조).

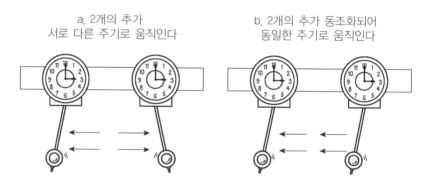

a. 2개의 추가
서로 다른 주기로 움직인다

b. 2개의 추가 동조화되어
동일한 주기로 움직인다

[그림 9-1] 진자의 동조화 과정

신체 움직임은 외부에서 들리는 리듬을 지각하는 동시에 동기화된다(Trost et al., 2014). 청자가 음악의 리듬에 집중하고 수용하면 리듬은 어느 순간 신체 동작을 시간적·공간적으로 구조화하여 최적화된 움직임 패턴을 형성한다. 우리의 뇌는 아무리 간단하거나 작은 동작도 미리 계획하고 준비하도록 자동 세팅되어 있는데, 이때 음악은 목표 행동을 수행하기에 필요한 시점에서(선행 자극)부터 수행 과정까지 행동을 구조화하는 데 기여한다. 동작 시작 전에 제공된 리듬은 움직임의 시작 타이밍을 알리는 일종의 '선행 큐(신호, antecedent cue)'로 기능한다(Stegemoeller, 2018). 리듬 구조에 따라 신체 동작의 특정 부분과 음악의 박이 일치(synchronization)하면서 음악에 움직임이 동조화된다(〈표 9-1〉 참조).

〈표 9-1〉 리듬에 대한 신체 동조화 패턴의 예

신체 동조화 패턴	예
보행 주기 (Movement Period)	
동조화 주기 (Period Entrainment)	
음악 자극 주기 [Stimulus (Music) Period]	 선행 큐

예를 들어, 행진곡에 따라 걸음을 걷는 경우에 인간의 운동적 기제는 발이 땅에 닿는 순간 음악의 비트와 일치시키려고 이동 속도와 흐름을 조절하며, 그전의 선행 동작까지 구조화한다. 또한 박자에 맞추어 뜀뛰기를 하는 경우, 주어진 박에 발이 땅에 닿으려면 먼저 몸을 공중으로 올려야 하는데, 인간의 운동리듬은 이러한 선행 동작을 먼저 실시하여 음악의 비트에 바닥 터치를 일치시킨다. 따라서 운동리듬은 동작과 관련된 모든 과정을 계획, 실행하는 타임 키퍼 기능을 활용한다고 할 수 있다. 인간이 가진 감각 기능 중에서도 청각은 다른 감각 기관에 비해 제시되는 자극에 대한 시간적 반응이 가장 순발력 있게 발달한 기관이다(Gallahue, 1982).

인간이 가진 정신적 기제 중에서 행동과 반응에 대한 예측성(anticipation)은 운동 반응의 지연을 줄여 즉각적으로 반응하도록 한다. 특히 동작에 대한 시간적 예측성과 공간적 예측성은 반응의 질과 정확성을 높이고 반응 시간을 줄여 일관성 있는 동작 패턴을 촉진한다. 즉, 음악 리듬의 고유성은 리듬 큐가 주어진 조건에서 리듬 큐가 없는 조건보다 동작의 시간과 정확도, 운동 궤적의 일관성을 높인다.

2. 음악의 리듬을 통한 동작 패턴의 자동화

신체 움직임은 다양한 운동 활동이 협응하여 실행된다. 물을 마시고자 할 때도 손을 뻗어 컵을 잡고, 입으로 가져와야 한다. 이러한 움직임을 위해서 눈과 손의 협응감, 팔의 운동 범위, 소근육과 근력 등 다양한 신경 근육이 동시에 관여한다. 음악적 행동에서도 마찬가지다. 예를 들어, 드럼을 배울 때 드럼 세트에 구성된 다양한 북을 연주하기 위해 팔다리의 움직임과 연주 기술을 학습하고 서로 조화를 이룰 수 있도록 협응감 훈련을 한다. 처음에는 개별적으로 언어 및 음악적 큐에 맞추어 동작을 수행하지만, 연습과 함께 전체 팔다리가 조화롭게 협응을 이루면서 드럼 연주를 할 수 있게 된다.

이러한 학습과 수행은 매우 조직적으로 진행된다. 신체 움직임은 크게 대뇌, 기저핵, 소뇌, 뇌간과 척수의 운동 조절 기관을 거쳐 실행된다(Kwak, 2000). 쉽게 이해하기 위해 이 과정을 회사의 운영 구조에 비유해서 설명할 수 있다. 제시된 음악적 큐에 따라 심벌즈를 연주하고자 한다면, 대뇌는 수뇌부로 과제에 대한 예지와 판단을 수행하고, 전운동영역과 보조운동영역에서는 목표 과제에 대한 계획을 세워 기저핵에 전달한다. 기저핵은 잔존 기억에 근거하여 심벌즈를 치기 위해 어떤 부위가 사용되는지, 그리고 어떤 근육 그룹을 어느 방향으로, 어느 정도의 강도로 움직여야 하는지를 결정한다. 소뇌(인사부)에서는 그 근육 그룹 중에서 어떤 근육이 어떤 순서로 움직여야 하는지 결정하면서 몸의 균형을 잡아 주는 역할을 한다. 이 종합된 정보들은 뇌간(관리부)으로 보내져서 척수를 통해 몸의 각 부분으로 전달된다. 척수(사무원)는 받은 정보들을 각각의 근육으로 보내 팔을 들어 올려 심벌즈를 치는 동작을 완성한다. 연습과 반복을 통해 심벌즈 연주를 충분히 익혔다면, 이후 이러한 운동 기능과 반응은 자동화된 하나의 기능으로 내장되면서, 외부 지시나 신호에 의존하지 않고도 기술적으로 연주하게 된다([그림 9-2] 참조).

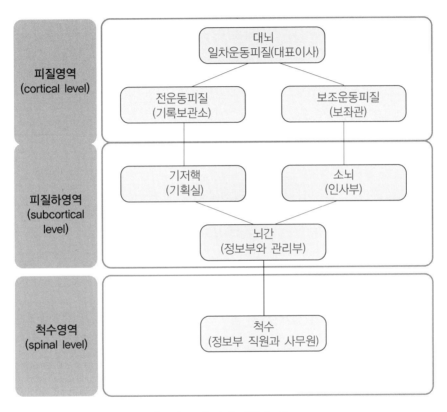

[그림 9-2] 뇌의 영역과 기능

리듬을 제시했을 때 인간의 운동 반응과 동작 패턴이 자동화되는 현상을 설명한 모델이 리듬 청각-운동 통합 모델(rhythmic auditory-motor integration model)이다. 이 모델은 리듬이 제시된 시점부터 이에 대한 운동 반응을 보이는 과정을 개념화하여 제시한다. 단계적으로 청각적 리듬 자극과 운동적 리듬 간의 관계를 보여 주며, 청각리듬 신호가 주어졌을 때 이에 따른 청각-운동 협응 과정이 어떻게 일어나는지를 설명해 준다. 구체적으로 살펴보면, 먼저 소리 신호가 주어지면 운동신경계의 시간성이 활성화된다. 동작에 필요한 신경 근육이 사용되지만 청각적 촉구로 피로감이 감소하고 동시에 지구력이 증진될 수 있다. 전반적으로 청각적 자극의 시간적 예측성이 작동되면서 더욱더 유연한 운동 패턴이 자동화되고 동작 패턴이 증진된다.

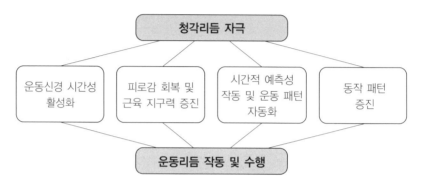

[그림 9-3] 리듬 청각-운동 통합 모델의 개념

3. 음악의 동작 협응감 및 수행력 증진

특정 동작의 타이밍에 맞춰진 음악은 상체 움직임의 궤적과 일관성을 도모한다. 음악 구조에 접목된 시간적 흐름과 소리 전개는 특정 움직임 패턴을 촉진하는데, 이를 통해 동작의 공간성, 강도, 빠르기 등이 조절될 수 있다. 음악은 매우 단순한 동작부터 복합적인 동작까지 촉진해 주는데, 신체 부위에 따라 각기 다른 운동적 기능을 촉진할 수 있다.

동작의 협응감은 일관적인 시간성 위에 하나 이상의 동작 흐름과 빠르기, 운동의 범위가 일관적으로 안정감 있게 수행되는 것을 말한다(Stegemoeller, 2018). 음악은 이 모든 요인이 성공적으로 발현될 수 있도록 최적의 운동 패턴을 형성하는 데 도움을 준다. 예를 들어, 음역(tonal range)은 신체 부위의 높낮이를 촉구하고, 선율의 상행 또는 하행 전개는 움직임의 방향성을 촉구하며, 음량과 같은 소리의 강도는 근육 수축의 강도를 촉구한다. 리듬의 구성에 따라 팔이나 어깨와 같은 상체 움직임(3박 계열) 또는 보행과 같은 하체 움직임(2박 계열)을 지지해 주는데, 이를 구체적으로 보여 주는 상체 움직임의 예시는 〈표 9-2〉와 같다(Chong, 2019).

〈표 9-2〉 상체 움직임을 위한 음악

운동명	동작	동작 설명	음악 중재
어깨 돌리기	견갑골 상승	음악에 맞춰 원을 그리며 어깨를 앞, 뒤 방향으로 회전한다.	순차적으로 5개 음을 활용하여 오르고 내리기를 반복한다.

둥글게 올리기-둥글게 내리기-둥글게 올리기-둥글게 내리기

운동명	동작	동작 설명	음악 중재
어깨 올리기	견갑골 상승	첫 음과 두 번째 음에서 어깨를 내리고 있다가, 세 번째 음에서 어깨를 올린 채 그대로 유지한다.	어깨를 내린 채 이완 상태에서 첫 음과 두 번째 음은 낮게 제시한다. 세 번째 음에서는 어깨를 올리고 유지하도록 높은 음을 제시하고 페르마타로 충분히 해당 음을 끌어 준다.

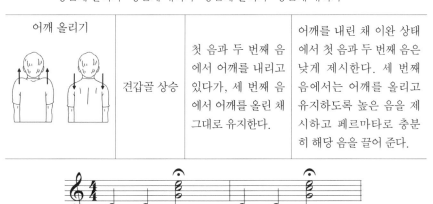

1　　2　　올리기(유지)　1　　2　　올리기(유지)

어깨 모으기	견갑골 내전	첫 음에서 어깨 근육을 수축하여 뒤로 모으고 유지, 두 번째 음에서 풀어 준다.	글리산도를 동반한 화음으로 어깨 근육을 뒤로 충분히 모아서 수축한 이후, 낮은 음에서 이완한다.

모으기   쉬기   모으기   쉬기   모으기   쉬기   모으기   쉬기

팔 들어 올리기	어깨 굴곡	엄지손가락을 위로 올리고 팔꿈치를 곧게 편 상태에서 팔을 머리 위로 들어 올린다.	팔을 들어 올리는 동안 상행하는 반음계를 제공하고, 올린 팔을 그대로 유지하도록 마지막 음을 길게 제시한다.

천 천 히 올 리 기 ～ ― ～ ― ～ ― 높게 유지

팔 돌리기	어깨 회전	두 팔을 양옆으로 어깨 높이만큼 들어 올린 후, 시계 방향/반시계 방향으로 돌린다.	상행 및 하행 화음을 아르페지오로 교대 연주하면서 회전 방향을 지시한다.

시계 방향으로 돌리기   반시계 방향으로 돌리기

4. 움직임의 동기와 정서

움직임이라는 단어 'movement'는 라틴어 'movere'에서 유래하였다. 이 라틴어의 원 의미에는 '내면의 움직임 또는 동요(inner movement)'라는 뜻이 들어 있는데, 즉 '동요'가 내면에서부터 일어야 한다는 의미다. 이러한 맥락에서 음악은 움직임과 관련된 운동학적 촉구뿐 아니라 움직임에 필요한 동기와 정서를 자극하기도 한다. 신체 움직임에 수반되는 것 중 하나가 신체 각성과 에너지 흐름이다. 움직이고자 하는 동기를 자극하려면 생리적인 변인 중 하나인 심장박동을 상승시켜야 하는데, 음악에서는 리듬이 그 역할을 수행한다. 이러한 생리적 변인의 각성은 움직이고자 하는 동기를 자극하고, 이러한 동기는 행동화된다(Orff, 1980).

신체 동작에 선행되는 것이 내면의 움직임이라고 한다면, 이는 바로 내면의 정서적 동요(inner emotional commotion)라고 할 수 있다. 음악의 요소적 특성(리듬 또는 선율)을 통해서 내면의 동기가 신체화로 이어지고, 동적 자극이 행동화되는 것이다. 이러한 내면의 동기는 신체 동작의 시작뿐만 아니라 동작의 시간적 길이, 범위, 강도 유지에 기여한다. 즉, 동작 시간/기간은 더 길게, 사용하는 힘의 강도는 적게 지각하게 하여 움직임에 대한 피로도(fatigue)를 줄이고, 더 나아가 수행력 증가를 돕는다. 이러한 이유로 우리는 운동이나 청소 같은 노동력이 수반되는 작업을 할 때 음악을 들으면서 하려고 하는 것이다.

더 나아가 배경 음악이 아닌 직접 곡을 연주하면서 신체 움직임을 증진하기도 하는데, 이는 스스로 소리를 산출하면서 음악을 만드는 과정이 즐거운 보상이라는 것을 경험했기 때문이다. 리듬 청각-운동 통합 모델에서 언급했듯이, 자신의 연주 소리는 자신의 행동에 대한 청각적 피드백 및 자극제가 되어 그다음 소리를 산출하도록 유도하는 자극으로 다시 작용한다. 이러한 음악적 전개에서 소리의 이중적 역할(input, output)은 연주자가 최대한 오

랫동안 연주 행위를 유지하면서 신체 강화에 필요한 훈련을 할 수 있도록 해 준다.

한 예로, 〈악보 9-1〉에서 두 사람이 연주를 한다고 가정해 보자. 음악치료사가 A 파트를 연주하고 내담자가 북을 연주하는 B 파트를 수행한다고 했을 때, 치료사의 A 파트 연주는 두 박의 북을 연주하는 B 파트 내담자의 행동을 선행한다. 하지만 두 박의 B 파트 드럼 연주는 그다음 파트를 유도한다. 즉, 선행 자극이 주 자극이 되고 주 자극이 다시 선행 자극이 되는 순환적인 진행이 이어지고, 이러한 연속적인 연주는 음악을 만들어 가는 충족감 (fulfillment)과 보상(reward)을 제공한다.

〈**악보 9-1**〉 호키 포키(Hokey Pokey) 연주

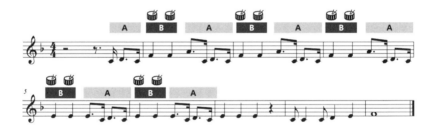

Summary

- 리듬은 신체 동작을 조직화하고 이에 필요한 동조화 기능을 촉진한다.
- 음악과 동작이 협응감을 형성하면 신체적 수행력이 증진된다.
- 음악의 리듬에는 동작의 빠르기를 일치시키고 강도와 음고에는 동작의 크기와 공간적 구성을 일치시킨다.
- 리듬 청각-운동 통합 모델은 리듬이 제시된 시점에서 리듬으로 인한 운동적 반응이 행동화되는 과정을 보여 주는 모델이다.
- 음악은 생리적/심리적 변인의 변화를 통해 동기와 정서를 자극하고 신체 움직임을 촉진할 수 있다.
- 움직임은 내면의 동요에서 시작된다. 음악은 움직임과 관련된 운동학적 촉구뿐 아니라 움직임에 필요한 동기와 정서를 자극하기도 한다.

제10장

대중음악의 사회 통합 기능

문화는 종교, 정치, 경제, 사회 모든 요인을 반영한다. 음악 또한 문화적 산물의 하나로, 그 시대의 통념과 사고 및 가치관을 전하는 기능을 한다. 프리스(Frith, 1988)는 각 시대의 대중음악을 보면 가사를 통해서 그 시대의 사회적 가치관과 역동을 역으로 읽어 낼 수 있다고 하였다. 이는 대중음악이 해당 문화권의 사람들이 보편적으로 가지고 있는 심리적 · 정서적 쟁점을 다루어 주고 표현해 주기 때문이다. 이러한 음악의 대중성은 시대와 공간을 공유하게 하고 소통하게 하는 매개적 역할을 하기도 하고, 특정 가치관이나 시각을 강화 또는 선도하는 기능을 수행하기도 한다(Kaplan, 1990).

1. 대중음악의 세대 간 통합 기능

인간은 사회적 동물이며 태어나면서부터 관계 안에서 삶이 시작된다. 처음 엄마와 시작된 관계적 범위는 차차 넓어져 가족, 친구, 학교와 같은 집단적 관계에서 공동체로 확장된다. 음악은 개인뿐만 아니라 다양한 관심사를 중심으로 한 집단에서 서로 나누고 공유할 수 있는 매개, 주제 또는 성취 목표로 작용한다. 아주 작게는 또래와의 관계에서, 크게는 공동체와 민족, 문화적 차원까지 음악은 소통과 응집의 역할을 한다.

음악은 시간성과 공간성을 함축하고 있기 때문에 특정 시대와 그 시대를 살아가는 세대, 연령, 성별, 개인성을 대변해 준다. 한 예로, '흘러간 노래'는 1960년대 우리나라 해방 이후의 대중가요를 가리키므로 그 시기의 가난과 고된 삶을 떠올리게 해 준다. 〈새마을 노래〉는 1970년대의 노래로, 당시는 가난한 우리나라의 경제 성장과 도약을 위해 국민의 꿈과 열정, 직업 정신이 주도하던 시기였다. 이렇게 음악을 통해 특정 시대와 그 시대에 관련된 사회적 쟁점, 문화적 가치관, 통념, 관심사 등을 회고할 수 있다.

음악은 세대적 · 민족적 · 문화적 차원에서 역동적으로 교류와 통합을 도모한다. 음악이 촉구하는 통합에는 세대 간 통합도 포함된다. 각 세대의 음악적 기호와 정체성이 분명하면 분명할수록 세대 간 격차도 넓어질 수 있는데, 음악은 이러한 격차를 이어 주는 다리 역할을 한다. 각기 다른 시대를 살았던 세대들이 음악 안에서 만나면서 이전 세대가 누렸던 유산을 이어받는 것이다. 지금 세대의 청소년들은 1960년대의 '흘러간 노래'들을 알 길이 없다. 아니, 흘러간 노래가 과연 어떠한 시대적 배경을 지닌 장르의 노래인지조차 모를 것이다. 세대마다 그때의 음악적 스타일과 분위기, 음악성이 다르기 때문에 흘러간 노래를 감상한다 해도 감동이나 공감은 느끼기 어려울 것이다. 하지만 그 음악을 아는 사람은 아무리 반세기가 지난 후에 들어도 그 시대의 정서와 감성을 재경험할 수 있다. 음악은 이렇게 시간과 공간을 초월해서 그 시대를 정서적으로 경험하게 해 준다.

이에 음악의 시간적 · 공간적 상징성을 활용하면 시대적 소통과 교류가 가능하다. '흘러간 노래' 장르의 하나인 백설희의 〈봄날은 간다〉는 1960년대에 많은 인기를 누린 곡이다. 백설희 또한 그 시대의 대표적인 가수였지만 그 시절에 성인기를 보낸 사람이 아니고는 기억하지 못할 것이다(〈악보 10-1〉 참조). 하지만 재즈 가수인 한영애가 1999년에 이 노래를 리믹스해서 재즈

버전으로 부른 뒤, 젊은이들 사이에서도 〈봄날은 간다〉가 불리면서 1960년
대의 정서가 어떠했는지를 음악을 통해 간접 경험할 수 있게 되었다. 즉, 반
세기가 넘는 세월을 이어 주고 각기 다른 세대를 살아가는 이들을 연결시켜
준 타임머신과 같은 역할을 한 것이다(〈악보 10-2〉 참조).

〈악보 10-1〉 백설희의 〈봄날은 간다〉

허혜진 채보

〈악보 10-2〉 한영애의 〈봄날은 간다〉 리메이크곡

허혜진 채보

　음악적 특성을 비교해 보면 백설희의 곡은 그 시대의 작곡 방식에 맞추어
3화음을 사용했고, 창법도 매우 비성적(nasal)이다. 반대로 한영애의 곡은 선
율과 가사를 최대한 보존하면서도, 화음의 다양성을 높이고 박자감을 화려
하게 처리하는 등 현대적인 음악성과 음악적 감각에 맞게 편곡하였다. 이처
럼 세대적 감수성을 고려해 리믹스한 곡은 신세대와 기성세대를 음악 안에
서 만나게 해 준다. 이러한 음악적 자원은 반세기가 넘는 세월을 이어 주는

다리가 되며, 각기 다른 시간에 살고 있는 세대에게 음악 유산을 전해 주는 역할을 한다.

또 다른 예로는 이문세의 〈붉은 노을〉과 전인권의 〈걱정말아요 그대〉를 들 수 있다. 이문세의 〈붉은 노을〉은 1988년에 유행한 곡으로 2008년에 빅 뱅이 리메이크해서 다시 유명해졌다. 이 곡 역시 20년이라는 시대적 공백을 연결해 주었다고 할 수 있다. 전인권의 〈걱정말아요 그대〉도 2015년에 이적 이 다시 편곡하여 불렀는데, 새로운 화음 전개와 형식을 적용하여 기존 곡의 친근감과 동시에 신선함을 느낄 수 있다.

〈악보 10-3〉 전인권의 〈걱정말아요 그대〉

전인권 작사 · 작곡

트로트 음악 역시 세대 간 통합에 기여하는 대중음악의 한 장르다. 우리나 라의 경우 2000년대까지 트로트 음악은 주로 장년 및 노년을 대상으로 한 음 악 장르로 간주되어 왔다. 하지만 2000년 이후로 트로트에 젊은 층의 아이돌 들이 등장하였고 트로트를 즐기는 이들의 연령대도 낮아졌다. 이와 함께 점 차 연령대가 높은 트로트 가수보다 연령이 낮은 신세대 가수들의 활동이 활 발해졌다. 이러한 현상은 트로트 음악이 더는 노장년 세대만의 음악이 아니라 신세대와 교감하고 교류할 수 있는 음악으로 확장되면서 다양한 연령층과 세대 간 통합이 가능함을 보여 주었다.

2. 대중음악의 집단 간 통합 기능

한 세대 안에서도 음악을 둘러싼 여러 소집단이 존재한다. 대중음악, 국악, 랩, 서양 음악 등 각기 다른 음악 선호도와 관심사를 중심으로 모임이 만들어지고 감상, 연주와 같은 음악 활동에 따른 그룹이 조성되기도 한다. 나이에 따라 모이기도 하고 음악적 배경, 음악 교육, 가정환경, 개인의 기질적 특성 등에 따라 모이기도 한다. 음악은 얼마든지 재창작될 수 있으므로 음악적 유형과 스타일에 따라 2개 이상의 음악 집단을 잇는 힘을 가지고 있다.

대표적인 예로 청소년을 들어 보겠다. 청소년에게 음악은 종종 친구들과의 연결을 정립하는 사회적 행동의 하나다. 대체로 청소년의 대중 매체에 대한 인식은 자신이 속해 있는 또래 집단의 인식을 통해 형성된다. 청소년들이 힙합, 헤비메탈, 랩 등의 음악을 추구하는 경우, 이러한 관심과 열정을 같이 느끼고 공유할 수 있는 또래 집단의 역동성이 매우 중요하다. 청소년들이 랩을 들을 때 비록 주변에 아무도 없다 할지라도 음악을 듣는 본인은 상상 속의 타인과 함께하는 분위기 속에서 음악을 듣는다.

이러한 청소년기 음악 집단의 경우, 음악의 요소적 측면을 편곡하여 두 집단 이상이 모일 수 있는 장을 만들 수 있다. 편곡 시에는 악기 구성, 연주 특성(아티큘레이션) 등을 활용하여 최대한 통합적 스타일로 구성한다. 예를 들어, 〈애국가〉의 경우에도 성악적 발성으로 불린 가곡 형식이 있는가 하면 헤비메탈로 부른 윤도현 밴드의 팝 스타일의 〈애국가〉도 있다. 〈아리랑〉도 우리의 민요이지만 다양한 악기와 편곡을 통해 연령대와 음악적 선호 집단의 취향에 따라 국악에서 메탈까지 다양하게 연주할 수 있다. 새로운 장르와 서로 다른 스타일의 음악이 하나로 어우러지면서 또 하나의 복합적인 장르인

'크로스 오버'가 생성되었고, 음악이 하나의 다리가 되어 네트워크를 형성하고 교류하는 채널로 기능하는 것이다.

세대 내 통합의 또 다른 예에 팝페라가 있다. 팝 음악과 오페라 청중들을 한자리에 모이게 하는 새로운 장르인 팝페라는, 물론 기존의 음악적 특성에서는 조금 더 확장되었지만 두 가지 다른 음악적 스타일이 서로 만나면서 새로운 음악적 장르를 생성해 낸 대표적인 예다. 이러한 음악적 퓨전(fusion)은 팝을 좋아하는 집단과 오페라를 선호하는 집단이 한자리에 만나 음악을 공유할 수 있는 계기를 마련해 주므로 집단 응집력을 강화한다. 한 예로, 여성 가수 필리파 조르다노(Filippa Giordano)가 기존의 오페라 아리아를 대중적 창법으로 불러 기존의 오페라 그룹과 팝 그룹의 연결을 유도했고, 남성 가수인 임형주 역시 성악적 발성과 대중적 발성을 적절하게 혼합해 두 장르의 특성을 통합하였다. 이렇게 음악 안에서 이루어지는 통합과 교류는 실제 사회적으로도 다른 두 음악적 집단을 한자리에 만나게 하는 기능을 한다. 팝페라 장르 중 자주 불리는 음악의 하나가 헨델(Händel)의 〈울게 하소서(Lascia ch'io pianga)〉다(〈악보 10-4〉 참조).

이처럼 음악은 두 사람 이상의 관계를 잇는, 그리고 집단을 응집해 주는 기능을 한다. 이러한 음악의 심리 사회적인 기능은 음악이 가진 고유의 속성 외에 시대와 공간, 세대와 연령을 상징하는 음악의 관계적 역할이 매우 중요하다는 사실을 보여 준다.

〈악보 10-4〉 헨델의 〈울게 하소서〉

3. 대중음악의 문화 간 통합 기능

음악은 문화적 정체성을 지니므로 하나의 문화권과 다른 문화권을 이어
주는 통합의 역할을 할 수 있다. 음악이 갖는 민족적 대표성과 상징성은 음
악을 통해 다양한 문화들이 어우러져 새로운 장르를 탄생시키고 다양한 문
화권이 만나는 계기를 마련한다. 특히 대중문화와 대중음악 안에서의 문화
통합이 분명하게 보이는데, 한 예로 우리나라에서는 랩과 사물놀이를 접목
한 곡 또는 다른 민족적 음계나 민속 악기를 사용한 곡들 또는 대중음악을
국악적 창법으로 재해석해서 부른 곡 등 다양한 문화 및 민족을 대표하는 곡
들을 볼 수 있다.

문화적 통합을 위해 음악을 사용하려면 음악이 각기 다른 문화권을 대표해야 한다. 이러한 대표성은 음악이 가진 모든 상징적 개념, 연상, 원형적 측면까지를 아우른다. 한 예로, 인도 민속 악기인 비나(veena)로 연주된 마이크로 음계의 연주를 들으면, 인도와 관련된 기억 혹은 사실적 정보 등을 떠올리면서 이와 관련된 정서, 감정, 느낌을 총체적으로 경험할 수 있다. 또한 중동 음계를 들으면 중동 문화는 물론 〈아라비안나이트〉의 신비한 램프가 떠오를 것이고, 더 나아가 신비로움, 마술적 힘과 같은 연상으로 이어질 수 있다.

근래에 다양한 문화권의 원형이라 할 수 있는 음악이 다른 문화권 또는 민족의 음악과 어울려 하나의 음악 안에서 다양한 문화적 정체성으로 통합되는 경우를 볼 수 있다. 한 예로, 국악기인 해금을 서양 악기인 첼로와 듀엣으로 연주하거나 사물놀이 연주를 서양 타악기와 합주로 연주하는 등 각 지역, 민족, 문화권을 상징하는 음악들이 하나로 어우러지면서 다양성의 통합을 보여 주고 있다.

음악의 사회 통합 기능을 역사적으로나 시대적으로 명확하게 보여 주는 예는 인종과 문화의 도가니(melting pot)라고 불리는 미국에서 가장 많이 찾아볼 수 있다. 이민자들과 유럽에서 넘어온 정착민들이 세운 나라인 미국은 그 문화 통합의 역사에서 음악이 두드러진 역할을 했다. 특히 가장 많이 기여한 음악적 장르는 컨트리 음악과 블루스였다.

1) 미국 컨트리 음악

컨트리 음악은 미국 대중음악의 주요한 형식 중 하나다. 다른 음악이나 예술의 형식과 마찬가지로 컨트리 음악 역시 매우 폭넓고 형식도 다양하다. 18~19세기에 영국에서 이주해 온 사람들 대다수가 미국 남부 애팔래치아 산맥을 따라 정착했다. 낮은 신분의 앵글로 아메리칸들은 피들(fiddle)과 같은 악기를 가지고 왔으며, 상업적 형태의 컨트리 음악과 같은 음악적 형식을 발전시켰다. 일상의 삶에 대해 늘어놓는 발라드 형식의 노래는 낮은 신분의 산악민들, 소작농, 상인, 노동자들의 삶에서 중요한 부분을 차지했다(Bindas, 1992).

컨트리 음악은 남부에 뿌리를 둔 지역적인 특성은 물론, 특정한 사회 경제적 지위를 대변하였다. 컨트리 음악의 근거지인 미국 남부 지방은 그들에게 마음의 고향과 같은 곳으로, 그곳에서 보낸 삶이 컨트리 가수들의 노래에서 주요한 소재 및 주제가 되었다. 주로 남부의 작은 시골 마을이나 도시의 이미지, 가족과 국가에 대한 사랑, 남부의 고향 마을로 돌아가고 싶은 향수, 도시 생활과는 대별되는 노동자 계층의 삶 등이 포함된 수많은 주제를 노래에 담았다.

컨트리 음악 장르는 도시가 아닌 지역에 사는 사람들이 술이나 사랑에 어떠한 의미를 부여하는지가 노래의 가사를 통해 잘 드러난다(Jaret & Boles, 1992). 컨트리 음악이 대중적으로 불리면서 저소득층, 농부, 노동자들이 겪는 힘겨움과 외로움, 생존에 대한 고민을 알 수 있었고, 그러한 삶의 고민을 술과 사랑으로 다스렸다는 것도 음악으로 듣게 되었다.

더 나아가 컨트리 음악은 그 시대의 통념과 가치관을 보여 주기도 하는데, 한 예로 노래에서 다루는 여성관이 시대에 따라 변화하였음을 보여 준다. 초기 가사에는 방황하고 무심한 이미지의 남자와 모성적이고 종속적이며 무조건적으로 포용적인 여성상이 담겼다. 한 예로, 1968년 그 당시의 가정상과 부부상을 반영한 태미 와이넷(Tammy Wynette)의 〈Stand by Your Man〉 가사를 보면 남편이 어떠한 잘못을 하더라도 꿋꿋이 옆자리를 지키라는 메시지를 담고 있다(〈악보 10-5〉 참조).

〈악보 10-5〉 태미 와이넷의 〈Stand by Your Man〉

Tammy Wynette & Billy Sherrill 작사 · 작곡

    컨트리 음악은 미국 남부 저소득층의 노래였지만, 모든 인간의 집단 무의
식에 내재해 있는 외로움, 고독, 상처, 좌절감, 배신 등을 다루었기에 충분히
다른 지역과 계층의 관심과 호응을 받을 수 있었다. 1970년대 이후 여성 작
사가들이 증가하면서 보다 주도적이고 독립적인 이미지의 여성들이 노래 가
사에 등장했다(Lundy, 1992). 미국 남부가 아닌 지역에서도 컨트리 음악을 즐
겼으며 전국적으로 청중을 폭넓게 확보하면서 상업적으로도 확장되었다. 미

국의 중부 또는 동서부에서도 불렸고, 오늘날 동양에서 유럽까지를 아우르며 전 세계적인 향유층이 형성되었다. 사람들은 컨트리 음악을 들으면서 미국 남부의 시골 농부, 소작농, 블루칼라 노동자들의 정서에 감정 이입하고, 그 문화를 공유하면서 컨트리 음악 안에서 하나가 되었다. 음악이 교류와 통합의 역할을 한 것이다.

2) 블루스 음악

오랜 역사를 통해 지금까지 통합의 기능을 하는 음악의 또 다른 예로 블루스를 들 수 있다. 자의와는 전혀 상관없이 미국으로 끌려온 아프리카인들의 일방적인 노동 생활은 고통과 슬픔의 연속이었다. 그들은 혹독한 노동과 박해를 감당할 수 있는 내적인 힘이 필요했고, 현실의 어려움을 이겨 낼 수 있는 영성과 인내심이 필요했을 것이다.

블루스의 음악적 뿌리는 아프리칸-아메리칸 알홀리(arhoolies)와 아프리카의 요들(yodels)이라 할 수 있는데, 이는 남부 플랜테이션 농장에서 작업하는 노예들이 사용하던 음악적인 언어다. 알홀리는 하강하는 멜로디에서 블루노트(blue note), 즉 음 하나를 반음으로 낮추어 부르는 형식이다. 초기에 블루스는 노동요처럼 일하면서 읊조리는 노래로 '우울하다'는 의미의 'blues'였고, 이는 구전을 통해 서로서로 배워 나갔다. 그러므로 부르는 사람에 따라 즉흥성과 융통성을 지닌다. 블루스 형식은 12마디의 3절(AA′B)로 구성되었으며, 2절은 주로 1절이 반복되며 3절은 2절에 대한 응답의 형식이었다(〈악보 10-6〉 참조). 단조로운 화음 전개, 반복 그리고 그 위에 얼마든지 즉흥적으로 자신이 표현하고자 하는 부분을 가미해서 음악적으로 만들어 낼 수 있는 장점이 있었다(Hay, 1992).

〈악보 10-6〉 블루스 형식과 코드 전개

최진희 곡

역설적이게도 흑인들의 블루스는 백인 중산층 사이에서 인기를 얻기 시작하였고 1950년대에는 백인 음악가들도 블루스를 배우기 시작하였다. 1960년대에 이르러 이들 백인 블루스 향유자들은 소위 '블루스의 재건'에 앞장섰으며, 블루스 베테랑 연주자를 발굴하는 동시에 백인 청중을 공략하였다. 인종적 정체성을 상징하는 블루스 음악은 흑인 음악(black music)으로 소개되면서, 계속해서 변천하는 미국 사회에서 흑인들의 극심한 사회적 · 정치적 불안을 다독이는 역할을 하였다(Orgen, 1992).

제2차 세계대전 이후, 블루스는 세계적으로 다양한 문화와 만나면서 새롭게 발전되어 갔다. 블루스는 흑인 음악이었지만 음악에서 다루는 박해받는 사람들의 슬픔과 애도, 희망과 갈망은 인간 모두가 공유하는 집단 무의식이었기 때문에 많은 사랑을 받았다. 많은 인종적인 문제에도 불구하고 블루스

는 이후 재즈로 발전하면서 미국에서 인종 간, 사회 계층 간 거리를 좁히는
다리 역할을 하였다.

3) 랩

미국은 다양한 민족적 배경을 가진 이민자들이 사는 나라지만 흑인의 경
우는 다르다. 본인의 의사와는 달리 일방적으로 노예로 끌려온 흑인들의 삶
은 매우 척박하고 고난의 연속이었다. 노예로서 그들의 삶은 노동이 우선이
었기에 백인과 균등하게 교육의 기회를 누리지 못했다. 또한 인종 차별이 팽
배한 사회 어느 곳에서도 자유롭게 자아를 실현하거나 발전시킬 수 있는 활
동 영역이 없었고, 제약 또한 많았다.

그 당시 흑인들은 주로 외진 할렘가나 다리 밑, 폐허가 된 동네 담벼락 밑
에서 페인트로 낙서를 하거나 소리로 리듬을 만드는 등의 창의적인 예술 행
위를 시도하였다. 그들이 사용하는 영어는 표준 영어와 달리 언어 리듬이 강
조되었고, 이러한 특성을 가지고 공격적인 말들을 일정한 박자로 끊어 가며
내뱉던 형태가 곧 랩이 되었다. 랩은 배경 리듬과 음률을 강조하여 빠르게
가사를 내뱉는 형태로, 나름의 선율적 특성과 리듬적 구조, 시적 요소를 지
니고 있다. 또한 감정적이고 분출적이며 고발적인 이야기들을 일방적으로
쉴 새 없이 나열하던 형식에서 점차 중간에 추임새가 삽입되고 주고받기(call
and response) 부분이 첨가되면서 대중 및 청자들과 소통하고 그들의 지지를
확인할 수 있게 되었다.

랩은 사회적 억압과 박해의 대상이었던 흑인이 주로 불렀지만, 점차 음악
의 형태를 갖추어 나가면서 백인에게도 호평을 받게 되었다. 인간의 분노, 슬
픔, 공포, 실패감, 외로움 등에 공감하고 인종과 차별을 초월하여 음악 안에
서 하나가 될 수 있었다. 한 예로, 에미넴(Eminem)은 백인 가수로서 흑인 음
악의 영역이었던 랩에 도전하여 부의 평등, 사회적 문제 등을 고발하였는데,
과격하고 폭력적이며 속어가 포함된 가사 때문에 물의를 일으키기도 했다.

하지만 백인 가수가 흑인의 음악인 랩을 자신의 표현 방법으로 들려 주었다는 점에서 상징적이다. 민족과 인종 간의 분리감은 랩이라는 장르 안에서 서서히 좁혀졌고 상호 교류의 장이 되었다(Fontanel, 2004). 국내에서도 〈쇼 미더 머니(Show Me the Money)〉와 같은 랩 배틀과 오디션 프로그램이 인기를 끌면서 흑인 음악이지만 충분히 한국의 정서에서도 랩으로 소통하고 표현할수 있다는 사실을 보여 주었다. 흑인 음악이라고 간주되었던 랩이 더는 흑인문화권에 머물지 않고 다양한 민족적 배경을 가진 사람들 사이에 공유되면서 서로 긴밀하게 교류할 수 있는 장으로 확장되어 가고 있다.

앞에서 살펴본 것과 같이 음악은 집단을 대표하고, 집단과 소통하면서 그관계의 범위를 확장해 준다. 이러한 소통의 기능은 세대 내, 세대 간, 문화간, 민족 간의 교류와 통합을 도모하고 모두를 음악의 장으로 불러 주는 역할을 한다. 이에 음악은 시간과 공간을 이어 주는 매개라고 할 수 있다. 이러한 음악의 응집, 소통, 통합의 기능은 세대 간, 민족 간, 문화 간 등 글로벌화와 함께 더욱 역동적인 교류를 통해서 발전하고 있다.

Summary

• 대중음악은 특정한 시대에 해당 문화권 사람들이 보편적으로 가지고 있는 심리적 · 정서적 · 사회적 쟁점을 다루고 표현한다.
• 음악은 시간과 공간을 초월해서 그 시대의 정서를 전하고 재경험하게 해 준다. 이러한 음악의 속성은 세대 간 소통과 통합을 가능하게 한다.
• 한 세대 안에서도 음악을 둘러싼 여러 소집단이 존재하는데, 음악적 유형과 스타일을 편곡하여 함께 모일 수 있는 장을 형성할 수 있다.
• 음악은 문화적 정체성을 지니므로, 하나의 문화권과 다른 문화권을 이어 주는 통합적 역할을 할 수 있다. 대표적인 것으로 컨트리 음악, 블루스 그리고 랩이 있다.

참고문헌

김우현(1995). 전통음악의 원리와 교육. 서울: 한국음악교육연구회.

백병동(2007). 대학음악 이론(제3판). 서울: 현대음악출판사.

신금선 역(1997). 음악의 즐거움(*Enjoyment of music*). Machlis, J., & Forney, K. 공저. 서울: 이화여자대학교 출판부.

이규식, 석동일, 권도하, 정옥란, 강수균, 김시영, 신명선, 이상희, 황보명, 이옥분 (2004). 의사소통장애 치료교육. 서울: 학지사.

이석원(1994). 음악심리학. 서울: 심설당.

이석원(2013). 음악의 지각과 인지 II. 경기: 음악세계.

이석원, 오희숙(2000). 20세기 작곡가 연구. 서울: 음악세계.

정지용(2000). 실용 음악 이론. 서울: 도서출판 성음미디어.

정현주(2019). 음악치료학의 이해와 적용(2판). 서울: 이화여자대학교 출판부.

최미환 역(2008). 치료적 노래 만들기(*Songwriting: Methods, techniques and clinical applications for music therapy clinicians, educators and students*). Baker, F., & Wigram, T. 편저. 서울: 학지사.

Aldridge, G., & Aldridge, D. (2009). *Melody in music therapy*. London, UK: Jessica Kingsely Publishers.

Andrews, M. L., & Summers, A. C. (1988). *Voice therapy for adolescents*. San Diego, CA: Singular Publishing Group.

Apel, W. (1972). *Harvard dictionary of music*. Cambridge, MA: Belknap Press of Harvard University.

Aronson, A. E. (1985). *Clinical voice disorders: An interdisciplinary approach* (2nd ed.). New York: B. C. Decker.

Aronson, A. E. (1990). Importance of the psychosocial interview in the diagnosis and treatment of functional voice disorder. *Journal of Voice, 4*, 287-289.

Austin, D. (1991). The musical mirror: Music therapy for the narcissistically injures. In K. E. Bruscia (Ed.), *Case Studies in Music Therapy* (pp. 291-308). Gilsum, NH: Barcelona Publishers.

Austin, D. (2002). The voice of trauma: A wounded healer's perspective. In J. P. Sutton (Ed.), *Music, music therapy and trauma: International Perspectives* (pp. 231-259). London, UK: Jessica Kingsley Publishers.

Benninger, M., Jacobson, B., & Johnson, A. (1994). *Vocal arts medicine: The care and prevention of professional voice disorders*. New York: Thieme Publishers, Inc.

Berlyne, D. E. (1971). *Aesthetics and psychobiology*. New York: Appleton Century-Crofts.

Bindas, K. (1992). Race, class, and ethinicity among swing musicians. In K. Binda (Ed.), *America's musical pulse: Popular music in twentieth century society* (pp. 64-73). Santa Barbara, CA: Greenwood Press.

Bonny, H. L. (1989). Sound as symbol: Guided imagery and music in clinical practice. *Music Therapy Perspectives, 6*, 7.

Bonny, H. L. (1993). *Music Consciousness: The evolution of Guided Imagery and Music.* Gilsum, NH: Barcelona Publishers.

Bonny, H. L., & Savary, L. M. (1990). *Music and your mind.* New York: Harper and Row.

Boxberger, R. (1962). Historical bases for the use of the music in therapy. In E. H. Schneider (Ed.), *Music therapy* (pp. 125-166). Lawrence, KS: National Association for Music Therapy, Inc.

Bruscia, K. (1987). *Improvisational models of music therapy.* Springfield, IL: Charles C. Thomas Publishers.

Bruscia, K. (1995). *Clinical assessment.* Unpublished Manuscript. PA: Temple University.

Bruscia, K. (1998). *The dynamics of music psychotherapy.* Gilsum, NH: Barcelona Publishers.

Chong, H. J. (1999). *Vocal timbre preference in children.* Phenomenon of Singing International Symposium Proceedings II Series. St. John's, Canada: Memorial University Press.

Chong, H. J. (2019). *Music behavior and therapy.* Seoul, Korea: Ewha Womans University Press.

Condon, W. (1975). Multiple response to sound in dysfunctional children. *Autism and Childhood Schizophrenia, 5*(1), 37-56.

Davis, D. (2004). *Sound bodies through sound therapy.* Landing, NJ: Kalco Publishing LLC.

Díaz de Chumaceiro, C. L. (1992). What song comes to mind? Induced song recall. *The Arts in Psychotherapy, 19*(5), 325-332.

Dissanayake, E. (1980). Aesthetic experience and human evolution. *Journal of Aesthetic and Art Criticism, 41*(2), 145-155.

Eissler, R., Freud, A., Kris, M., & Solnit, A. (1975). *Studies in psychoanalysis*. New York: Yale University Press.

Eliot, L. (1999). *What's going on in there?: How the brain and mind develop in the first five years of life*. New York: Bantam Book.

Elliot, D. (1995). *Music matters*. Oxford, England: Oxford University Press.

Fifer, W. (1981). Early attachment: Maternal voice preference in one-and-three-day old infants. Doctoral dissertation: University of North Carolina. *Dissertation Abstract International, 42*(3-B), 1202.

Fontanel, B. (2004). La Parade Des Musiciens. *Actes Sud Junior*.

Freud, S. (1922). *Beyond the pleasure principle*. London/Vienna: International Psycho-Analytical.

Frith, S. (1988). *Music for pleasure: Essays in the sociology of pops*. Cambridge, England: Policy Press.

Gallahue, D. (1982). *Understanding motor development in children*. New York: Wiley.

Gammon, C., & Dunn, C. (1985). *Normal and disordered phonology in children*. Baltimore, MA: University Part Press.

Gaston, E. (1968). Man and music. In E. T. Gaston (Ed.), *Music in therapy* (pp. 7-29). New York: MacMillan.

Gaynor, M. L. (1999). *Sound of healing*. New York: Broadway Book.

Goldman, J. S. (1988). Toward a new consciousness of the sonic healing arts: The therapeutic use of sound and music for personal and planetary health and transformation. *Music therapy, 7*(1), 28-33.

Gorman, J. (1996). *New psychiatry: The essential guide to state-of-art therapy, medication, and emotional health*. New York: St. Martin's Press.

Grosskurth, P. (1986). *Melanie Klein: Her world and her work*. New York: Basic

Books, Inc., Publishers.

Grout, D. J. (1973). *A history of western music*. New York: Norton.

Hargreaves, D. J., & North, A. C. (1997). *The Social Psychology of Music*. London: Oxford University Press.

Hay, F. (1992). "Blues What I am": Blues consciousness and social protest. In K. Binda (Ed.), *America's musical pulse: Popular music in twentieth century society* (pp. 4-13). Santa Barbara, CA: Greenwood Press.

James, W. (1950). *Principles of psychology* (Vols. 1 & 2). New York: Henry Holt and Company.

Jaret, C., & Boles, J. (1992). Sounds of seduction: Sex and alcohol in country music lyrics. In K. Binda (Ed.), *America's musical pulse: Popular music in twentieth century society* (pp. 257-268). Santa Barbara, CA: Greenwood Press.

Kaplan, M. (1990). *The arts*. Cranbury, NJ: Associated University Presses, Inc.

Kasayka, R. (2002). A spiritual orientation to the Bonny method: To walk the mystical path on practical feet. *Guided imagery and music: The Bonny method and beyond*, 257-272.

Katsh, S., & Merle-Fishman, C. (1998). *The music within you*. Gilsum, NH: Barcelona Publishers.

Kenny, C. (2006). *Music & life in the field of play: An anthology*. Gilsum, NH: Barcelona Publishers.

Kerman, J., & Tomlinson, G. (2004). *Listen* (5th ed.). Boston, MA: Bedford/St. Martin's.

Kinerk, E. (1981). Toward a method for the study of spirituality. *Review for Religious, 40*(1), 3-19.

Kohut, H. (1951). The psychological significance of musical activity. *Music*

Therapy.

Kwak, E. (2000). *Effect of thythmic auditory simulation on gait performance in chidren with spastic cerebral palsy.* Master Thesis: University of Kansas.

Lipscomb, S. D. (1996). Cognitive organization of musical sound. In D. Hodges (Ed.), *Handbook of Music Psychology* (2nd ed., pp. 133-175). San Antonio, TX: Institute for Music Research.

Lowen, A. (1976). *Bioenergetics.* London, UK: Penguin.

Lundin, R. W. (1967). *The objective psychology of music* (2nd ed.). New York: Ronald Press Company.

Lundy, T. (1992). Women in country music. In K. Binda (Ed.), *America's musical pulse: Popular music in twentieth century society* (pp. 213-220). Santa Barbara, CA: Greenwood Press.

Machlis, J., & Forney, K. (1999). *The enjoyment of music: An introduction to perceptive listening* (8th ed.). New York: W. W. Norton.

McDonald, M. (1970). Transitional tunes and musical development. *Psychoanalytic Study of the Child, 25,* 503-520.

Meyer, L. B. (1956). *Emotion and meaning in music.* Chicago, IL: Chicago Press.

Montello, L. (2002). *Essential musical intelligence: Using music as your path to healing, creativity, and radiant wholeness.* Wheaton, IL: Quest Books.

Moses, P. J. (1954). *The voice of neurosis.* New York: Grune & Stratton.

Newham, P. (1998). *Therapeutic voicework: Principles and practice for the use of singing as a therapy.* London, UK: Jessica Kingsely Publishers.

Nordoff, P., & Robbins, C. (2007). *Creative music therapy.* Gilsum, NH: Barcelona Publishers.

Orff, G. (1980). *The Orff music therapy: Active furthering of the development of the child.* St Louis, MO: MMB Music.

Orgen, K. (1992). Debating with Beethoven. Understanding the fear of early jazz. In K. Binda (Ed.), *America's musical pulse: Popular music in twentieth century society* (pp. 249-256). Santa Barbara, CA: Greenwood Press.

Papousek, M. (1981). Intuitive parenting: Hidden source of musical stimulation in infancy. In J. Sloboda (Ed.), *Musical beginning: Origin and development of musical competence* (pp. 88-112). Oxford, England: Oxford University Press.

Peck, J. (1995). Development of Hearing. *Journal of the American Academy of Audiology, 6*(2), 113-123.

Peters, J. S. (1987). *Music therapy: An introduction.* Springfield, IL: Charles C Thomas, Publisher.

Radocy, R., & Boyle, D. (1997). *Psychological foundation of musical behavior.* Springfield, IL: Charles C Thomas, Publisher.

Reich, W. (1948). *Character Analysis* (3rd ed.). London, UK: Vision Press.

Rogers, C. (1964). *Toward a science of the person: Behaviorism and Phenomenology.* Chicago, IL: The University of Chicago Press.

Rogers, R. (1918). *Journal of Major Robert Rogers.* Worcester, MA: American Antiqurian Society.

Rosenbaum, J. B. (1963). *Wallace Stevens' French Connection.* Toronto, Canada: University of Toronto.

Roskam, K. (1993). *Feeling the sound: The influence of music on behavior.* San Francisco, CA: San Francisco Press, Inc.

Rouget, G. (1985). *Music and trance.* Chicago, IL: University of Chicago Press.

Russell, J. A. (2003). Core affect and the psychological construction of emotion. *Psychological Review, 110*(1), 145.

Ruud, E. (1995). *Music therapy and its relationship to current treatment theories*. St. Louis, MO: MMB Music.

Schwartz, E. (2008). *Music therapy and early childhood: A developmental approach*. Gilsum, NH: Barcelona Publisher.

Smeister, H. (2005). Sounding the Self. *Analogy in Improvisational Music Therapy*. Gilsum, NH: Barcelona Publisher.

Stegemoeller, M. (2018). The brain and music. In A. Knight, B. LaGasse, & A. Clair (Eds.), *Music therapy: An introduction to the profession* (pp. 89-100). Silver Springs, MD: AMTA.

Stern, D. N. (1985). *The interpersonal world of the infant*. New York: Basic Books.

Stolba, K. M. (1997). *The Development of western music: A history*. New York: McGraw-Hill Humanities.

Stolba, K. M. (1998). *The Development of western music: A history* (3rd ed.). Boston, MA: McGraw-Hill.

Summer, L. (1988). *Guided imagery and music in the institutional setting*. St. Louis, MO: MMB Music, Inc.

Summer, L., & 정현주(2006). 심상유도와 음악. 정현주 외 공저. 음악치료 기법과 모델 (pp. 290-331). 서울: 학지사.

Thaut, M. H. (2005). *Rhythm, music, and the brain: Scientific foundations and clinical applications*. New York: Taylor & Francis Group.

Trost, W., Fruhholz, S., Schon, D., Labbe, C., Pichon, S., Grandjeon, D., & Vuilleumier, P. (2014). Getting the beat: Entrainment of brian activity by musical rhythm and pleasantness. *Neuroimage, 103*, 55-64.

Tyson, F. (1981). *Psychiatric Music Therapy: Origins and Development*. New York: Fred Weider & Son Printers. Inc.

Verny, T., & Kelly, J. (1981). *The secret of the unborn child*. New York: Delta

Books.

Weinberger, N. M. (1998) Understanding Music's Emotional Power. [online] MUSICA Research Notes, Volume V, Issue 2, Spring 1998. Available: http://www.musica.uci.edu/mrn/V5I2S98.html#understanding [Accessed November 2001].

Zuckerkandl, V. (1973). *Sound and Symbol. Vol. 2: Man the Musician.* Princeton, NJ: Princeton University Press.

찾아보기

인명

저자 소개

정현주(Chong, Hyun Ju / 鄭玹朱)

미국 University of Kansas(독어독문학)와 Western Illinois University(음악치료학)에서 학부를 전공하고, Temple University에서 음악치료학 석사(MMT), University of Kansas에서 음악치료학 박사(MEMT) 학위를 취득했다. 2000년 이화여자대학교에 부임하여 현재 일반대학원 음악치료학과 교수로 재직 중이다. 한국음악치료교육학회(KOMTEA) 회장, 한국음악인지지각학회(KSMPC) 이사, International Association for Music and Medicine(IAMM)의 편집위원을 맡고 있다. 또한 (사)전국음악치료사협회 음악중재전문가(KCMT) 자격, 미국 AMTA 공인음악치료사(MT-BC) 자격, 그리고 미국 음악심상학회 전문가(FAMI) 자격을 보유하고 있다. 저서로는 『Musical Behavior and Therapy』(이화여자대학교출판부, 2019), 『음악치료학의 이해와 적용』(2판, 이화여자대학교출판부, 2015), 『음악심리치료』(공저, 학지사, 2010), 『음악치료 기법과 모델』(공저, 학지사, 2006), 『아동들을 위한 음악치료 놀이극』(공저, 학지사, 2005) 등이 있고, 역서로는 『음악치료: 핸드북』(공역, 시그마프레스, 2016), 『음악치료에서의 목소리 활용기법』(공역, 시그마프레스, 2013), 『음악치료 슈퍼비전』(공역, 학지사, 2012), 『음악치료 연구』(공역, 학지사, 2004) 외 다수가 있다.

KOMCA 승인 필

인간행동과 음악(2판)
-음악은 왜 치료적인가-

Influence of Music on Human Behavior (2nd ed.)
What Makes Music Therapeutic?

2011년 1월 10일 1판 1쇄 발행
2018년 3월 20일 1판 6쇄 발행
2022년 9월 30일 2판 1쇄 발행

지은이 • 정현주
펴낸이 • 김진환
펴낸곳 • (주) **학지사**

04031 서울특별시 마포구 양화로 15길 20 마인드월드빌딩
대표전화 • 02)330-5114   팩스 • 02)324-2345
등록번호 • 제313-2006-000265호

홈페이지 • http://www.hakjisa.co.kr
페이스북 • https://www.facebook.com/hakjisa

ISBN 978-89-997-2758-0 93180

정가 16,000원

출판미디어기업 학지사

간호보건의학출판 **학지사메디컬** www.hakjisamd.co.kr
심리검사연구소 **인싸이트** www.inpsyt.co.kr
학술논문서비스 **뉴논문** www.newnonmun.com
교육연수원 **카운피아** www.counpia.com